쓱싹! 손쉽게 만드는
세상의 모든 디자인
미리캔버스 디자이너

초판 발행일 | 2023년 12월 15일
지은이 | 신현미, 창의콘텐츠연구소
발행인 | 최용섭
책임편집 | 이준우
기획진행 | 김미경, 조재건

㈜해람북스　**주소** | 서울시 용산구 한남대로 11길 12, 6층
문의전화 | 02-6337-5419
팩스 | 02-6337-5429
홈페이지 | https://class.edupartner.co.kr

발행처 | (주)미래엔에듀파트너
출판등록번호 | 제2020-000101호

ISBN 979-11-6571-190-0 (13000)

이 책의 구성

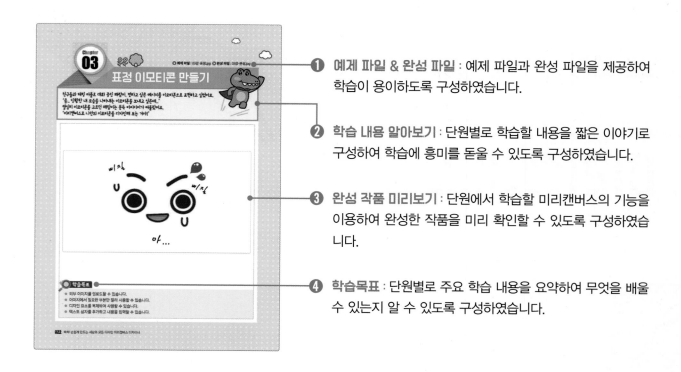

❶ **예제 파일 & 완성 파일** : 예제 파일과 완성 파일을 제공하여 학습이 용이하도록 구성하였습니다.

❷ **학습 내용 알아보기** : 단원별로 학습할 내용을 짧은 이야기로 구성하여 학습에 흥미를 돋울 수 있도록 구성하였습니다.

❸ **완성 작품 미리보기** : 단원에서 학습할 미리캔버스의 기능을 이용하여 완성한 작품을 미리 확인할 수 있도록 구성하였습니다.

❹ **학습목표** : 단원별로 주요 학습 내용을 요약하여 무엇을 배울 수 있는지 알 수 있도록 구성하였습니다.

❺ **따라하기** : 미리캔버스의 주요 기능을 단원을 진행하면서 학습할 수 있도록 구성하였습니다.

④ 텍스트 상자를 클릭한 후 [속성] 창에서 글꼴을 변경합니다.

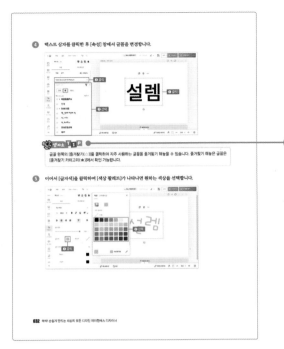

⑥ **생자소 Tip** : 미리캔버스를 공부하면서 도움이 되는 정보들을 추가하여 학습이 용이하도록 구성하였습니다.

⑤ 이어서 [글자색]을 클릭하여 [색상 팔레트]가 나타나면 원하는 색상을 선택합니다.

⑦ **파워포인트 활용하기** : 미리캔버스에서 완성된 작품을 활용하여 파워포인트를 배울 수 있도록 구성하였습니다.

파워포인트의 도형을 이용하여 메시지 카드 담을 봉투를 완성해 봅니다.

① 파워포인트(PowerPoint) 프로그램을 실행한 후 [홈] 탭-[레이아웃( )]-[빈 화면]을 클릭합니다.

목을 입력하십시오
부제목을 입력하십시오

⑧ **뿜뿜! 생각 키우기** : 학습한 내용을 응용하여 추가 미션을 해결할 수 있도록 구성하였습니다.

② [삽입] 탭-[그림( )]을 클릭하여 [그림 삽입] 대화상자가 나타나면 이전 시간에 완성한 메시지 카드를 선택한 후 [삽입]을 클릭합니다.

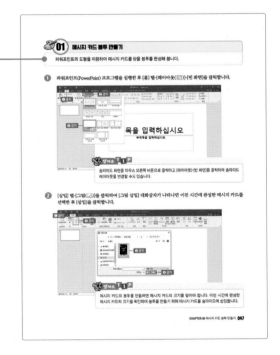

⑨ **나와라, 힌트!** : 미션에 대한 힌트를 제공하여 미션을 해결하는 데 도움을 주도록 구성하였습니다.

차 례 CONTENTS

Chapter 01

▶ 예제 파일 : 없음 ▶ 완성 파일 : 01강-완성.pptx

미리캔버스 입장하기

친구 집에 방문한 해람이는, 친구 컴퓨터에서 다양한 디자인의 포스터들이 저장되어 있는 걸 보았어요.
"이거 다 네가 디자인한 거야?"
"그럼! 미리캔버스를 활용하면 쉽고 간단하게 여러 가지 디자인을 만들 수 있어."
해람이는 집으로 돌아오자마자 미리캔버스에 접속해 미리캔버스에 대해 알아보기 시작했어요.

🔍 학습목표

● 디자인 작업 공간인 워크스페이스의 화면 구성을 확인할 수 있습니다.
● 디자인 파일을 관리할 수 있는 폴더를 생성할 수 있습니다.
● 미리캔버스에서 제공하는 템플릿을 적용할 수 있습니다.
● 완성한 디자인 파일을 저장하고 폴더에 보관할 수 있습니다.

01 워크스페이스 화면 구성 확인하기

미리캔버스의 디자인 작업 공간인 워크스페이스의 화면 구성을 확인해 봅니다.

1 크롬( ) 브라우저를 실행하고 미리캔버스(https://www.miricanvas.com/) 홈페이지에 접속한 후 [로그인하기]를 클릭하여 로그인합니다.

생자소 TIP

[5초 회원가입]을 클릭하여 미리캔버스 회원으로 가입한 후 로그인할 수 있습니다.

2 로그인이 완료되고 워크스페이스 페이지가 나타나면 워크스페이스의 화면 구성을 확인합니다.

① **작업 공간** : 이전에 작업한 디자인 파일들이 모여 있는 공간입니다.

② **템플릿** : 미리캔버스에서 제공하는 다양한 템플릿을 확인할 수 있습니다.

③ **내 디자인** : 작업한 디자인을 확인할 수 있습니다.

④ **내 드라이브** : 폴더를 생성하여 작업한 디자인 파일들을 관리할 수 있습니다.

⑤ **공유 드라이브** : 다른 사용자와 함께 작업을 공유할 수 있습니다.

⑥ **즐겨찾기** : 내 드라이브에서 관리하는 특정 폴더를 즐겨찾기로 등록해 놓을 수 있습니다.

⑦ **휴지통** : 삭제된 파일을 30일 동안 보관할 수 있습니다.

⑧ **검색** : 내 드라이브에 보관되어 있는 파일을 검색할 수 있습니다.

⑨ **디자인 만들기** : 새로운 디자인을 만들 수 있습니다.

02 폴더 관리하기

디자인 파일을 관리할 수 있는 폴더를 만들어 봅니다.

① 작업한 디자인들을 보관할 폴더를 만들기 위해 [내 드라이브(🖫)]-[폴더(➕)]를 클릭한 뒤 [폴더 만들기] 대화상자가 나타나면 폴더 이름을 입력한 후 [만들기]를 클릭합니다.

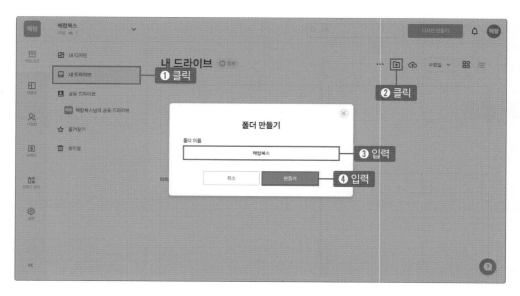

② [내 드라이브] 페이지에 폴더가 생성된 모습을 확인합니다. 생성된 폴더를 삭제하고 싶다면 삭제할 폴더의 [속성(•••)] 버튼을 클릭한 후 [휴지통으로 이동]을 클릭합니다.

생자소 TIP 즐겨찾기 설정 방법

폴더의 [속성(•••)] 버튼을 클릭한 후 [즐겨찾기 추가(☆)]를 클릭합니다.

03 디자인 파일 생성하기

미리캔버스에서 제공하는 템플릿을 활용하여 프레젠테이션 디자인 파일을 완성해 봅니다.

① 새로운 디자인 파일을 만들기 위해 [디자인 만들기]-[프레젠테이션(▶)]을 클릭합니다.

생자소 **T I P**

미리캔버스는 다양한 크기의 디자인 페이지를 제공합니다. 제작할 디자인의 사이즈를 직접 입력하거나
직접 입력하기 어렵다면, 제작할 디자인 형식을 검색하여 사이즈를 선택합니다.

② [미리캔버스 디자인 페이지]가 나타나면 [템플릿(▦)]에서 원하는 템플릿을 선택합니다.

생자소 **T I P**

• 원하는 템플릿에 마우스 포인터를 가져다 대면 템플릿에 포함되어 있는 여러 페이지의 디자인을 확인할 수 있습니다.
• 템플릿에 왕관 아이콘(👑)이 있는 템플릿은 유료(Pro) 버전에서 사용할 수 있는 템플릿입니다.

③ 새로운 페이지를 추가하기 위해 페이지 하단의 [페이지 추가(+)]를 클릭합니다.

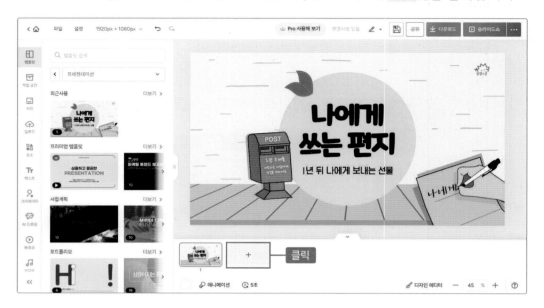

④ 페이지가 추가되면 [템플릿(⊞)]에서 원하는 템플릿을 선택합니다.

페이지에 추가된 디자인 요소들은 자유롭게 수정하거나 삭제할 수 있습니다.

⑤ ③~④와 같은 방법으로 페이지를 추가하여 원하는 디자인을 적용해 봅니다.

04 디자인 파일 저장하기

완성한 디자인 파일을 원하는 형식의 파일로 다운로드해 봅니다.

① 페이지를 추가하고 추가한 페이지에 원하는 템플릿을 전부 적용한 후 [다운로드]를 클릭합니다.

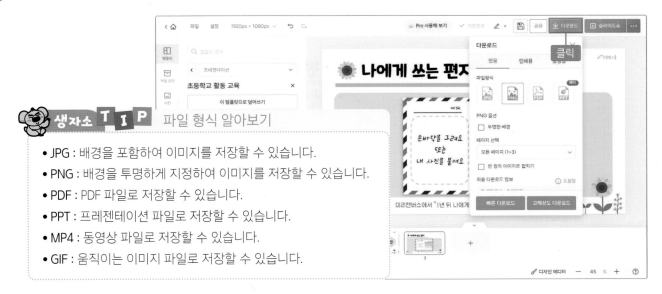

생자소 TIP 파일 형식 알아보기

- JPG : 배경을 포함하여 이미지를 저장할 수 있습니다.
- PNG : 배경을 투명하게 지정하여 이미지를 저장할 수 있습니다.
- PDF : PDF 파일로 저장할 수 있습니다.
- PPT : 프레젠테이션 파일로 저장할 수 있습니다.
- MP4 : 동영상 파일로 저장할 수 있습니다.
- GIF : 움직이는 이미지 파일로 저장할 수 있습니다.

② [웹용]-[파일형식]-[PPT]를 클릭한 후 [다운로드]를 클릭합니다.

생자소 TIP PPT 옵션 알아보기

- ❶ **개별 요소 이미지화** : 텍스트, 요소 등을 전부 개별 이미지로 저장하는 옵션입니다.
- ❷ **텍스트 편집 가능** : 텍스트를 편집할 수 있도록 텍스트 상자 형식으로 저장하는 옵션입니다.
- ❸ **통 이미지** : 각 페이지별로 텍스트, 요소 전체를 하나의 이미지로 저장하는 옵션입니다.

05 디자인 파일 관리하기

앞서 생성한 폴더에 완성한 디자인 파일을 보관하고 디자인 파일을 관리해 봅니다.

① 상단 도구의 [제목을 입력해주세요.]에 디자인 파일명을 입력합니다.

> **생자소 TIP**
>
> 미리캔버스에서는 디자인 파일이 자동으로 저장되므로, 파일을 저장하지
> 않아도 [작업 공간(☰)]에서 작업한 디자인 파일을 확인할 수 있습니다.

② 앞서 생성한 폴더로 디자인 파일을 이동시키기 위해 상단 도구의 [내 드라이브]를 클릭하고 폴더를
클릭한 후 [이동]을 클릭합니다.

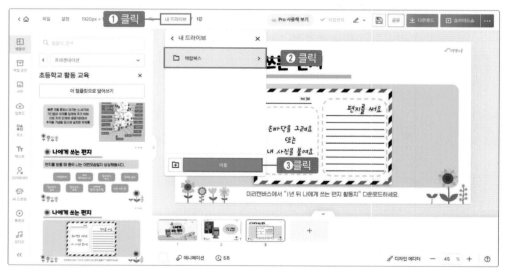

> **생자소 TIP**
>
> 폴더에 저장한 디자인 파일을 삭제하고 싶다면 [작업 공간(☰)]-[내 드라이브(🖥)]에서 디자인 파일이 저장된 폴더를
> 선택하고 삭제할 디자인 파일의 [속성(⋯)] 버튼을 클릭하여 [휴지통으로 이동]을 클릭합니다.

뿜뿜! 생각 키우기

▶ 예제 파일 : 없음 ▶ 완성 파일 : 없음

미션 **1** [디자인 만들기]-[웹 포스터(▤)]-[세로형]을 클릭한 후 원하는 템플릿을 적용해 봅니다.

미션 **2** 디자인 파일의 이름을 입력한 후 폴더에 저장해 봅니다.

Chapter 02

▶ 예제 파일 : 없음 ▶ 완성 파일 : 02강-완성.jpg

할로윈 바탕화면 만들기

오늘도 미리캔버스를 구경 중인 해람이는 아이디어가 떠올랐어요.
'미리캔버스로 컴퓨터 바탕화면을 디자인할 수 있지 않을까?'
해람이는 미리캔버스의 다양한 배경 이미지를 확인하며 결심했어요.
'좋아! 오늘은 으스스한 할로윈 바탕화면을 만들어봐야지!'

🔍 학습목표

● [배경]에서 원하는 배경 이미지를 페이지에 추가할 수 있습니다.
● 삽입된 배경 이미지의 크기와 위치를 조절할 수 있습니다.
● 배경색, 불투명도, 필터 효과 등의 배경 속성을 지정할 수 있습니다.
● [요소]의 다양한 디자인 요소를 이용하여 배경을 꾸밀 수 있습니다.

01 배경 추가하기

컴퓨터 바탕화면에 적용할 수 있는 배경화면 이미지를 불러와 배경을 추가해 봅니다.

① 크롬(ⓒ) 브라우저를 실행하고 미리캔버스(https://www.miricanvas.com/) 홈페이지에 접속한 후 [로그인하기]를 클릭하여 로그인합니다.

② [디자인 만들기]-[배경화면(🖥️)]-[(16:9) PC]를 클릭합니다.

③ [배경(🟧)]을 클릭한 후 검색창에 '할로윈'을 검색하고 Enter 키를 눌러 관련 배경들이 검색되면 원하는 이미지를 선택합니다.

다른 주제의 배경 이미지를 사용하고 싶다면 검색창에 원하는 주제와 관련된 키워드를 검색한 후 배경 이미지를 추가합니다.

02 배경 속성 지정하기

배경의 크기, 위치, 색상, 불투명도 등의 속성을 지정해 봅니다.

1 배경의 크기와 위치를 조절하기 위해 페이지 하단의 도구 상자에서 [축소(-)]를 클릭하여 페이지 크기를 '25%'로 줄입니다.

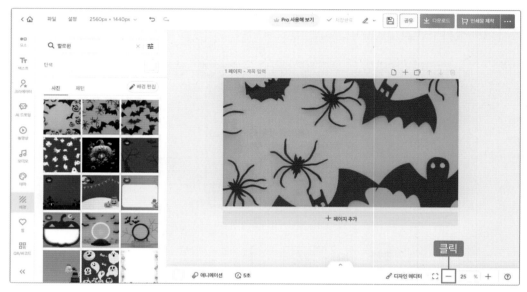

 생자소 TIP

디자인 페이지가 화면에 가득 찬 상태에서는 삽입된 배경 이미지의 전체 크기를 확인하기 어렵기 때문에 페이지의 크기를 축소한 후 작업하는 것이 편리합니다.

2 배경 이미지의 크기와 위치를 조절하기 위해 페이지에 추가된 배경 이미지를 더블 클릭합니다.

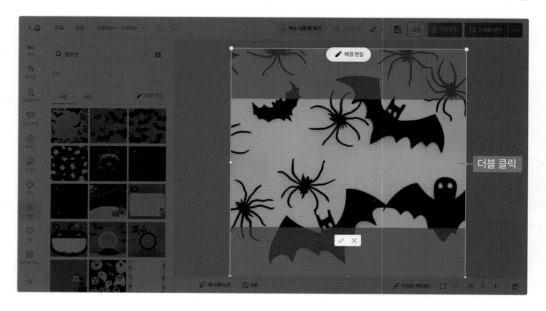

③ 배경 이미지에 조절점이 나타나면 '조절점(◯)'을 드래그하여 이미지 크기를 조절합니다. 이어서 배경 이미지를 움직여서 화면에 나올 위치를 조정하고 [이미지 영역 적용하기(✓)]를 클릭합니다.

[크기 조절]

[위치 조절]

④ 디자인 페이지 하단의 도구 상자에서 [확대(+)]를 클릭하여 페이지 크기를 다시 확대한 후 [속성] 창에서 [배경 편집]을 클릭합니다.

생자소 T I P

원하는 페이지 크기를 직접 입력하여 페이지 크기를 변경할 수도 있습니다.

⑤ [속성] 창에서 [색상]을 클릭하여 [색상 팔레트]가 나타나면 원하는 색상을 선택하여 페이지의 배경색을 자유롭게 변경합니다.

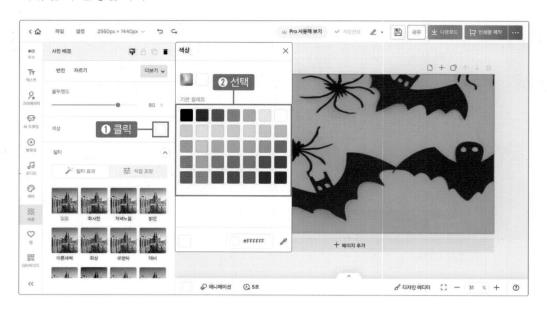

⑥ [색상 팔레트]를 닫은 후 추가한 배경 이미지의 불투명도를 조절하기 위해 [속성]-[불투명도]의 값을 드래그합니다.

🐨 생자소 T I P

[색상 팔레트]에서 지정한 페이지의 배경색은 추가한 배경 이미지의 불투명도가 100%인 상태에서는 적용되지 않습니다.

⑦ 페이지의 배경색과 배경 이미지가 어울리도록 [필터]-[필터 효과]를 클릭한 후 원하는 필터 효과를 선택합니다.

필터 효과는 배경 이미지에 적용됩니다. 필터 효과를 사용하지 않을 경우 '없음'을 선택합니다.

⑧ 페이지에 적용한 배경색과 배경 이미지에 그라데이션 효과를 적용하기 위해 [그라데이션 마스크]에 체크한 후 [타입]과 [범위]를 자유롭게 지정합니다.

• '그라데이션'이란 특정 색조, 명암, 질감을 단계적으로 다른 색조, 명암, 질감으로 바꾸는 예술 기법을 의미합니다.
• '타입'은 그라데이션 효과를 적용할 모양을 의미하며, '범위'는 그라데이션 효과가 적용될 범위를 의미합니다.

03 배경 꾸미기

미리캔버스에서 제공하는 다양한 디자인 요소를 이용하여 배경을 꾸며 봅니다.

① [요소(🔳)]를 클릭한 후 검색창에 '할로윈'을 검색하여 '할로윈'과 관련된 다양한 디자인 요소를 검색해 봅니다.

② 원하는 디자인 요소를 선택하여 페이지에 추가한 후 '조절점(◯)'을 드래그하여 크기를 조절합니다.

③ 배경이 완성되면 [다운로드]-[웹용]-[파일형식]-[JPG]-[빠른 다운로드]를 클릭한 후 컴퓨터 바탕화면으로 설정해 봅니다.

뿜뿜! 생각 키우기

▶ 예제 파일 : 없음 ▶ 완성 파일 : 02강-뿜뿜 완성.jpg

미션 ① 1 휴대폰 배경화면을 디자인할 수 있도록 디자인 페이지의 크기를 설정하고 [배경(▨)]
에서 원하는 배경을 추가해 봅니다.

나와라, 힌트! •자신의 휴대폰 또는 태블릿 기종에 맞는 페이지 크기를 선택합니다.
•배경색, 불투명도, 그라데이션 효과 등 배경 속성을 자유롭게 지정합니다.

미션 ① 2 다양한 디자인 요소를 이용하여 휴대폰 배경화면을 완성해 봅니다.

▶ 예제 파일 : 03강-표정.jpg ▶ 완성 파일 : 03강-완성.jpg

표정 이모티콘 만들기

친구들과 채팅 어플로 대화 중인 해람이. 전하고 싶은 메시지를 이모티콘으로 표현하고 싶었어요.
'음.. 당황한 내 모습을 나타내는 이모티콘을 보내고 싶은데..'
열심히 이모티콘을 고르던 해람이는 문득 아이디어가 떠올랐어요.
'미리캔버스로 나만의 이모티콘을 디자인해 보는 거야!'

🔍 학습목표

- 외부 이미지를 업로드할 수 있습니다.
- 이미지에서 필요한 부분만 잘라 사용할 수 있습니다.
- 디자인 요소를 복제하여 사용할 수 있습니다.
- 텍스트 상자를 추가하고 내용을 입력할 수 있습니다.

01 디자인 페이지 크기 설정하기

이모티콘을 디자인할 페이지의 크기를 설정해 봅니다.

① 크롬(◉) 브라우저를 실행하고 미리캔버스(https://www.miricanvas.com/) 홈페이지에 접속한 후 [로그인하기]를 클릭하여 로그인합니다.

② [디자인 만들기]-[직접 입력(✏️)]을 클릭한 후 크기 단위를 'cm'로 선택하고 [가로], [세로] 크기를 '5'로 입력한 후 [새 디자인 만들기]를 클릭합니다.

이모티콘을 만들기 위한 디자인 페이지 크기는 자유롭게 설정해도 됩니다.

③ 정사각형의 디자인 페이지가 열리면 상단 도구에서 디자인 파일의 이름을 입력한 후 [저장(💾)]을 클릭하여 디자인 파일을 저장합니다.

02 외부 이미지 업로드하기

외부 이미지를 업로드하여 이모티콘을 만들어 봅니다.

1 PC에 저장되어 있는 외부 이미지를 추가하기 위해 [업로드(⬆)]-[업로드]를 클릭하여 [열기] 대화상자가
나타나면 '표정.jpg' 파일을 선택한 후 [열기]를 클릭합니다.

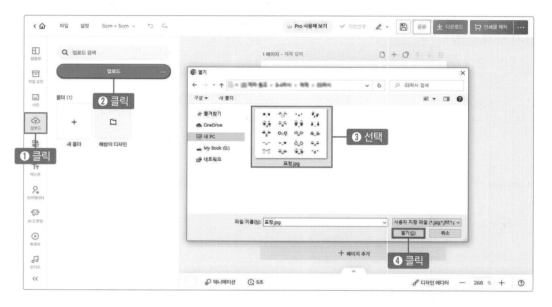

2 파일 목록에 추가된 이미지를 클릭하여 디자인 페이지에 추가한 후 '조절점(◯)'을 드래그하여 이미지
크기를 그림과 같이 조절합니다.

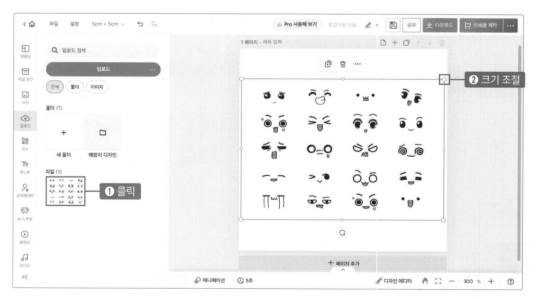

다양한 표정의 이미지 중 필요한 이미지만 잘라 사용하기 위해 이미지의 크기를 크게 변경합니다.

이모티콘 완성하기

디자인 요소와 텍스트를 추가하여 이모티콘을 완성해 봅니다.

1 이미지를 더블 클릭한 후 자르기 영역을 드래그하여 필요한 표정의 이미지만 영역으로 지정한 후 [이미지 영역 적용하기(✓)]를 클릭합니다.

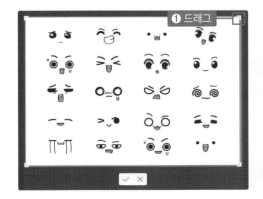 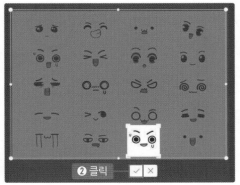

생자소 **TIP**

이미지의 크기가 작으면 자르기 영역을 지정해도 다른 영역이 포함되어 지정될 수 있습니다. 따라서 이미지의 크기를 크게 조절한 후 자르기 영역을 지정 합니다.

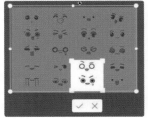

[이미지 크기가 작을 때]   [이미지 크기가 클 때]

2 잘라낸 이미지를 클릭한 후 '조절점(◯)'을 드래그하여 이미지의 크기가 페이지에 가득 차도록 조절합니다.

❸ [요소(🎛)]를 클릭한 후 검색창에 이모티콘과 어울리는 키워드를 검색하여 원하는 디자인 요소를 페이지에 추가한 후 크기와 위치를 조절합니다.

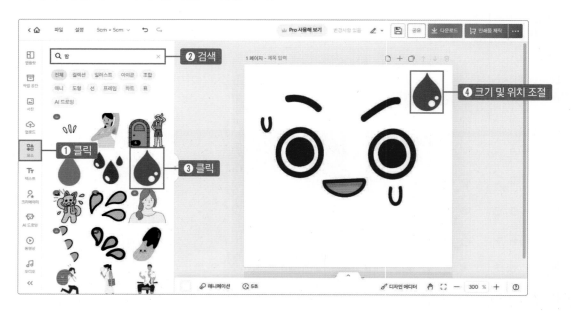

❹ '회전 조절점(◌)'을 드래그하여 이모티콘과 어울리도록 요소의 방향을 회전시킵니다.

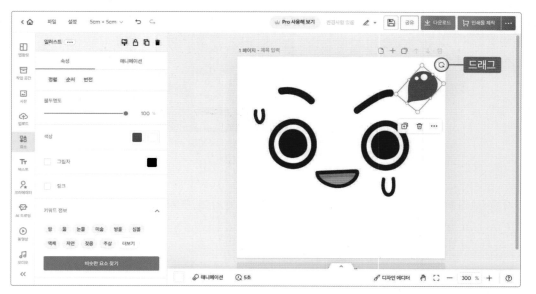

생자소 **TIP**

디자인 요소의 크기, 위치, 방향 등의 속성은 선택한 표정과 어울리도록 자유롭게 변경해 봅니다.

⑤ 디자인 요소를 복제하기 위해 페이지에 추가한 디자인 요소를 선택하고 마우스 오른쪽 버튼을 클릭한 후 [복제]를 클릭합니다.

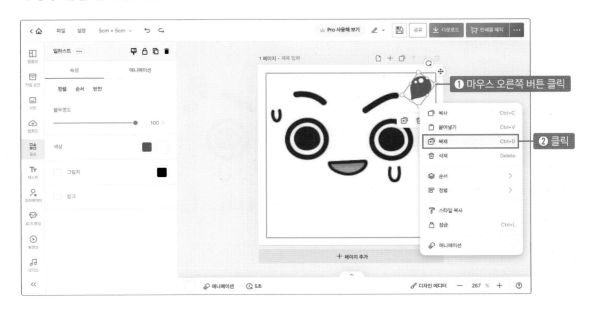

⑥ 디자인 요소가 복제되면 크기, 위치, 방향 등의 속성을 자유롭게 변경합니다.

생자소 TIP

같은 방법으로 이모티콘과 어울릴 만한 디자인 요소들을 추가하여 자유롭게 꾸며 봅니다.

⑦ [텍스트(**Tt**)]-[부제목 텍스트 추가]를 클릭하여 페이지에 텍스트 상자가 추가되면 텍스트 상자의 위치를 조절합니다.

> 텍스트 상자의 '조절점(○)'을 드래그하여 크기를 변경하면 텍스트의 크기도 변경됩니다.

⑧ 텍스트 상자에 이모티콘과 어울리는 내용을 입력한 후 [속성] 창에서 '글꼴', '글자색', '글자 크기' 등의 속성을 지정합니다. 이어서 ⑦과 같은 방법으로 이모티콘에 어울리는 내용을 추가해 봅니다.

> 필요 시 '외곽선', '그림자', '곡선' 등의 속성도 지정해 봅니다.

⑨ 이모티콘이 완성되면 [다운로드]-[웹용]-[파일형식]-[JPG]-[빠른 다운로드]를 클릭한 후 SNS에서 사용해 봅니다.

뿜뿜! 생각 키우기

▶ 예제 파일 : 03강-표정.jpg ▶ 완성 파일 : 03강-뿜뿜 완성1.jpg, 03강-뿜뿜 완성2.jpg

미션 **1** 화난 감정을 표현할 수 있는 이모티콘을 만들어 봅니다.

미션 **2** 배고픔을 표현할 수 있는 이모티콘을 만들어 봅니다.

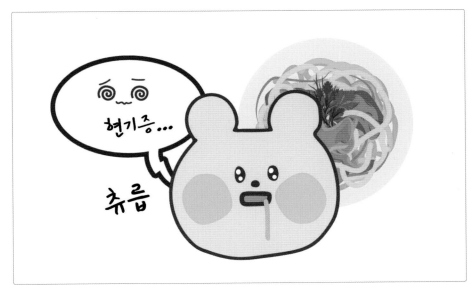

나와라, 힌트! ◀ 디자인할 이모티콘의 크기를 고려하여 디자인 페이지의 크기를 지정해 봅니다.

Chapter 04

▶ 예제 파일 : 없음 ▶ 완성 파일 : 04강-완성.png

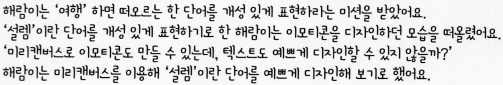

텍스트 디자인하기

해람이는 '여행' 하면 떠오르는 한 단어를 개성 있게 표현하라는 미션을 받았어요.
'설렘'이란 단어를 개성 있게 표현하기로 한 해람이는 이모티콘을 디자인하던 모습을 떠올렸어요.
'미리캔버스로 이모티콘도 만들 수 있는데, 텍스트도 예쁘게 디자인할 수 있지 않을까?'
해람이는 미리캔버스를 이용해 '설렘'이란 단어를 예쁘게 디자인해 보기로 했어요.

🔍 학습목표

- 텍스트 속성을 지정하여 텍스트를 디자인할 수 있습니다.
- 디자인 요소를 사용하여 텍스트를 꾸밀 수 있습니다.
- 여러 개의 개체를 하나의 개체로 그룹화할 수 있습니다.
- 완성한 텍스트 디자인의 배경색을 제거하여 저장할 수 있습니다.

01 텍스트 디자인하기

텍스트 상자를 추가하고 속성을 지정하여 텍스트를 디자인해 봅니다.

① 크롬( ) 브라우저를 실행하고 미리캔버스(https://www.miricanvas.com/) 홈페이지에 접속한 후 [로그인하기]를 클릭하여 로그인합니다.

② [디자인 만들기]-[직접 입력( )]을 클릭한 후 크기 단위를 'cm'로 선택하고 [가로] 크기를 '7', [세로] 크기를 '5'로 입력한 후 [새 디자인 만들기]를 클릭합니다.

③ 디자인 페이지가 열리면 [텍스트(Tr)]-[부제목 텍스트 추가]를 클릭하여 텍스트 상자를 추가하고 '설렘'을 입력한 후 그림과 같이 크기를 조절합니다.

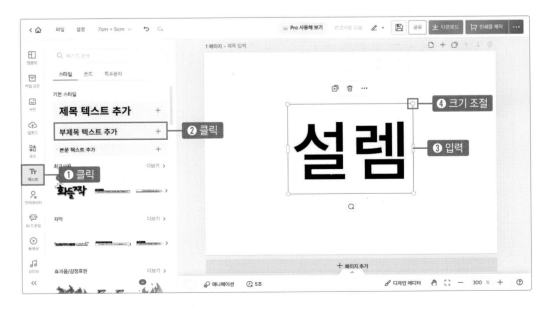

④ 텍스트 상자를 클릭한 후 [속성] 창에서 글꼴을 변경합니다.

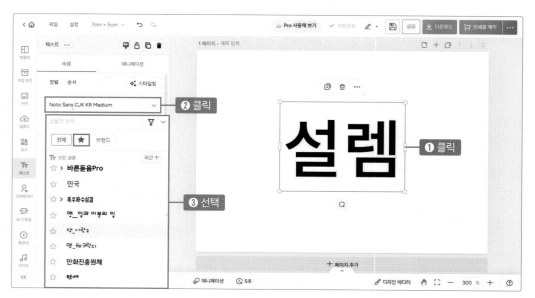

생자소 TIP

글꼴 왼쪽의 [즐겨찾기(☆)]를 클릭하여 자주 사용하는 글꼴을 즐겨찾기 해놓을 수 있습니다. 즐겨찾기 해놓은 글꼴은 [즐겨찾기 카테고리(★)]에서 확인 가능합니다.

⑤ 이어서 [글자색]을 클릭하여 [색상 팔레트]가 나타나면 원하는 색상을 선택합니다.

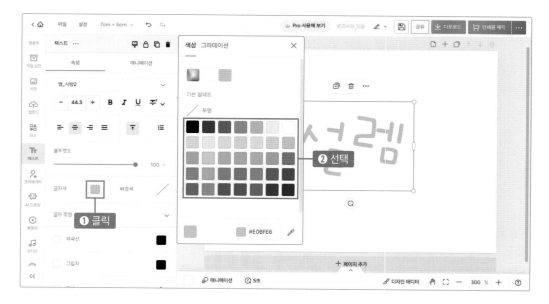

6 텍스트에 외곽선 효과를 적용하기 위해 [글자 조정]-[외곽선]에 체크한 후 외곽선 색상과 외곽선 두께를 지정합니다.

![생자소 TIP]

외곽선은 텍스트 테두리에 나타나는 선을 의미하며, 외곽선 효과를 이용하여 텍스트의 분위기를 변경할 수 있습니다.

7 [글자 조정]-[그림자]에 체크한 후 그림과 같이 그림자 속성을 지정해 봅니다.

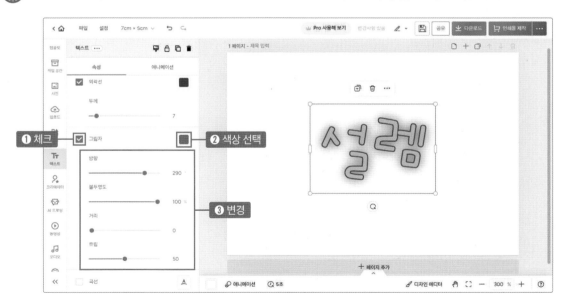

![생자소 TIP]

그림자 속성 중 '흐림' 효과를 조절하면 텍스트가 빛나는 느낌을 표현할 수 있습니다.

디자인 요소 추가하여 텍스트 꾸미기

다양한 디자인 요소를 추가하여 텍스트를 꾸며 봅니다.

① [요소(🔲)]-[도형]을 클릭한 후 검색창에 '하트'를 검색하여 단어에 어울리는 디자인 요소를 선택합니다. 이어서 추가된 요소를 마우스 오른쪽 버튼으로 클릭한 후 [순서]-[맨 앞으로 가져오기]를 클릭합니다.

생자소 TIP

'순서'란 페이지에 추가된 요소, 텍스트, 이미지 등의 순서를 의미합니다. 추가한 요소의 순서가 텍스트 상자 뒤쪽에 위치할 경우 요소를 선택하기 어렵기 때문에 순서를 변경합니다.

② [속성] 창에서 추가한 '하트' 요소의 색상을 변경한 후 크기와 위치를 조절합니다.

③ '회전 조절점(Ⓖ)'을 드래그하여 '하트' 요소의 방향을 회전시킵니다.

생자소 TIP 회전하기 단축키

- 시계 방향 : Ctrl + →
- 반시계 방향 : Ctrl + ←

④ [요소(▦)]에서 다양한 디자인 요소를 추가하여 텍스트를 꾸며 봅니다.

생자소 TIP

'일러스트', '아이콘' 등의 다양한 카테고리에서 원하는 디자인 요소를 찾아 추가해 봅니다.

⑤ 마우스를 드래그하여 페이지에 추가된 텍스트와 디자인 요소를 전체 선택한 후 마우스 오른쪽 버튼을
클릭하고 [그룹]을 클릭합니다.

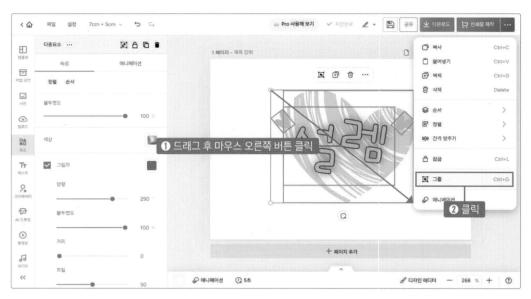

⑥ 그룹화된 텍스트 디자인의 크기를 페이지에 가득 차도록 조절합니다. 이어서 [다운로드]-[웹용]-[파일
형식]-[PNG]를 클릭하고 [PNG 옵션]-[투명한 배경]에 체크한 후 [빠른 다운로드]를 클릭하여 SNS에서
사용해 봅니다.

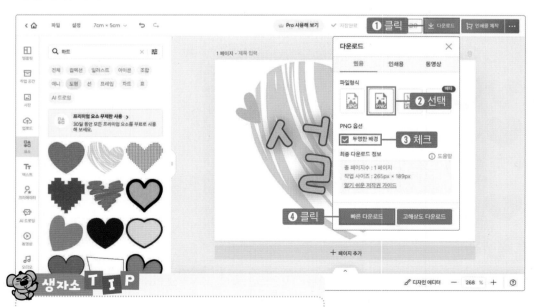

뿜뿜! 생각 키우기

▶ 예제 파일 : 없음   ▶ 완성 파일 : 04강-뿜뿜 완성1.png, 04강-뿜뿜 완성2.png

미션 **1** 이글이글 불타는 느낌으로 '불타 오르네' 단어를 표현해 봅니다.

미션 **2** 문을 두드리는 느낌의 텍스트를 디자인해 봅니다.

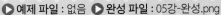 ▶ 예제 파일 : 없음 ▶ 완성 파일 : 05강-완성.png

메시지 카드 만들기

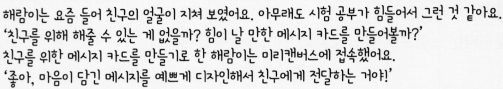
해람이는 요즘 들어 친구의 얼굴이 지쳐 보였어요. 아무래도 시험 공부가 힘들어서 그런 것 같아요.
'친구를 위해 해줄 수 있는 게 없을까? 힘이 날 만한 메시지 카드를 만들어볼까?'
친구를 위한 메시지 카드를 만들기로 한 해람이는 미리캔버스에 접속했어요.
'좋아, 마음이 담긴 메시지를 예쁘게 디자인해서 친구에게 전달하는 거야!'

🔍 학습목표

- 인터넷에서 메시지 카드에 입력할 메시지를 검색할 수 있습니다.
- 텍스트 상자를 추가하고 메시지를 입력할 수 있습니다.
- 다양한 디자인 요소를 이용하여 메시지 카드를 꾸밀 수 있습니다.
- 배경 이미지를 삽입하여 메시지 카드의 배경을 만들 수 있습니다.

메시지 검색하기

인터넷을 이용하여 친구에게 전하고 싶은 긍정적인 메시지를 검색해 봅니다.

① 크롬(◉) 브라우저를 실행하고 검색창에 '힘이 되는 글귀'를 검색해 봅니다.

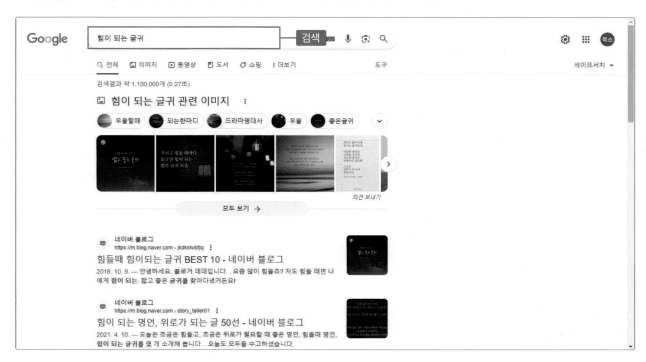

② 검색된 글귀 중 마음에 드는 메시지를 기록해 봅니다.

예 수고했어 오늘도

02 메시지 카드 만들기

선택한 메시지에 어울리도록 메시지 카드를 디자인해 봅니다.

① 크롬(◎) 브라우저를 실행하고 미리캔버스(https://www.miricanvas.com/) 홈페이지에 접속한 후 [로그인 하기]를 클릭하여 로그인합니다.

② [디자인 만들기]-[문서 서식(▤)]을 클릭합니다.

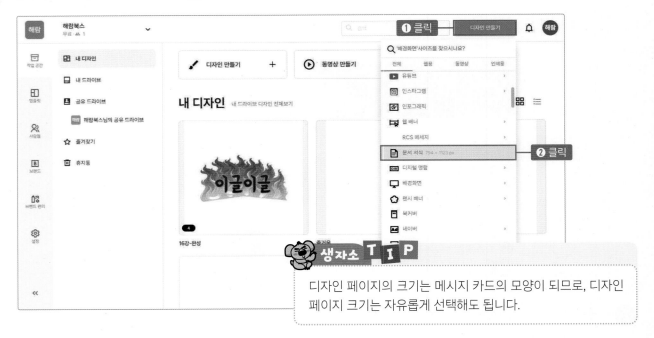

생자소 **T I P**

디자인 페이지의 크기는 메시지 카드의 모양이 되므로, 디자인 페이지 크기는 자유롭게 선택해도 됩니다.

③ 메시지를 입력하기 위해 [텍스트(🅣)]-[부제목 텍스트 추가]를 클릭하여 텍스트 상자를 추가합니다.

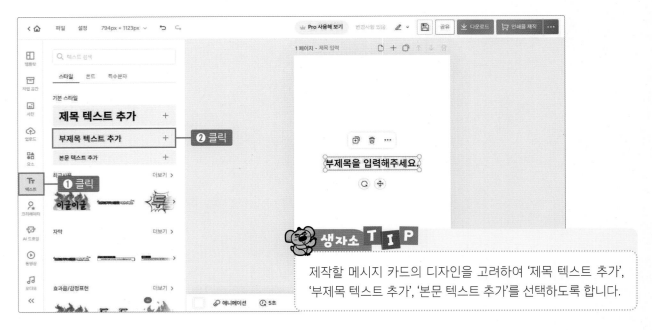

생자소 **T I P**

제작할 메시지 카드의 디자인을 고려하여 '제목 텍스트 추가', '부제목 텍스트 추가', '본문 텍스트 추가'를 선택하도록 합니다.

④ 앞서 기록한 메시지 중 메시지 카드로 사용할 메시지를 선택하여 텍스트 상자에 입력합니다.

⑤ 텍스트 상자를 선택한 후 [속성] 창에서 원하는 '글꼴'을 선택하고 '글자 크기'를 조절합니다.

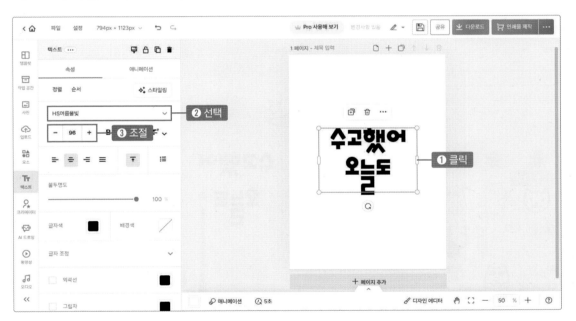

❻ 텍스트의 줄 간격을 조절하기 위해 [속성] 창-[글자 조정]의 목록 버튼(⌄)을 클릭하여 행간을 조절합니다.

❼ [요소(🔳)]를 클릭한 후 검색창에 메시지 내용과 어울리는 키워드를 검색하여 디자인 요소를 추가합니다.

🐨**생자소 TIP**

페이지에 추가된 요소의 좌우 방향 또는 상하 방향을 변경하고 싶다면 [속성] 창-[반전]-[좌우 반전], [상하 반전]을 클릭합니다.

⑧ **❼**과 같은 방법으로 다양한 디자인 요소를 추가하여 메시지 카드를 꾸며 봅니다.

🐨 생자소 **TIP**

> 미리캔버스에서 제공하는 디자인 요소가 부족하다면 [이미지 예제 파일] 폴더의 다양한 이미지를 활용합니다.

⑨ 메시지 카드의 배경을 만들기 위해 [배경(▨)]-[사진]에서 메시지와 어울리는 배경을 선택합니다.

🐨 생자소 **TIP**

> 사진이 아닌 패턴으로 배경을 채우고 싶다면 [패턴]을 클릭한 후 원하는 모양의 패턴을 선택합니다.

⑩ 텍스트 상자를 선택한 후 [속성] 창에서 텍스트 속성을 자유롭게 변경해 봅니다.

⑪ 메시지 카드가 완성되면 [다운로드]-[웹용]-[파일형식]-[PNG]-[빠른 다운로드]를 클릭하여 저장합니다.

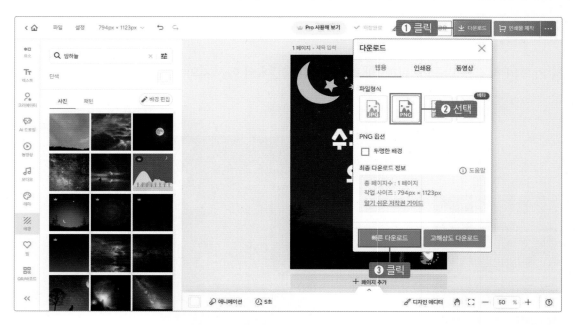

뿜뿜! 생각 키우기

▶ 예제 파일 : 없음 ▶ 완성 파일 : 05강-뿜뿜 완성1.png, 05강-뿜뿜 완성2.png

미션 **1** 배경, 텍스트, 요소를 이용하여 심부름 쿠폰을 완성해 봅니다.

쿠폰 1

동생과
놀아주기

미션 **2** 배경, 텍스트, 요소를 이용하여 생일 초대 카드를 완성해 봅니다.

HAPPY!
BIRTHDAY

생일 잔치에
당신을 초대합니다.

날짜 : 2023년 10월 21일 토요일
시간 : 오후 1시
장소 : 우리집

메시지 카드 봉투 만들기

드디어 메시지 카드를 만든 해람이! 그런데, 카드의 내용이 훤히 보이네요.
'이대로는 너무 이상해. 내 카드에 적힌 내용이 다 보이잖아? 게다가 너무 성의없어 보여.'
고민 끝에 해람이는 메시지 카드를 담을 봉투를 만들기로 결심했어요.
'예쁜 봉투에 메시지 카드를 담아 친구에게 전달해야겠다!'

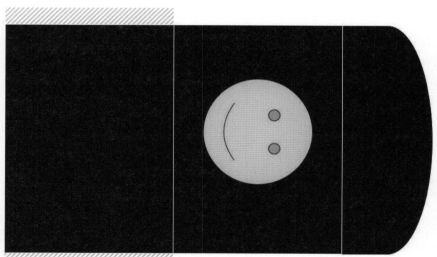

🔍 학습목표

● 슬라이드에 외부 이미지를 삽입할 수 있습니다.
● 도형을 이용하여 메시지 카드가 담길 봉투의 전개도를 만들 수 있습니다.
● 개체 속성을 이용하여 도형을 패턴으로 채울 수 있습니다.
● 완성한 카드 봉투의 전개도를 출력하여 카드 봉투를 만들 수 있습니다.

01 메시지 카드 봉투 만들기

파워포인트의 도형을 이용하여 메시지 카드를 담을 봉투를 완성해 봅니다.

① 파워포인트(PowerPoint) 프로그램을 실행한 후 [홈] 탭-[레이아웃(目)]-[빈 화면]을 클릭합니다.

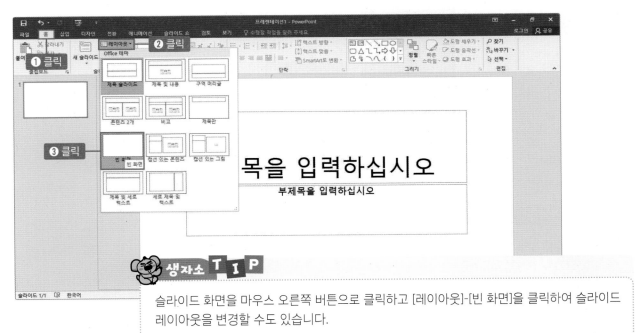

생자소 **TIP**

슬라이드 화면을 마우스 오른쪽 버튼으로 클릭하고 [레이아웃]-[빈 화면]을 클릭하여 슬라이드 레이아웃을 변경할 수도 있습니다.

② [삽입] 탭-[그림( )]을 클릭하여 [그림 삽입] 대화상자가 나타나면 이전 시간에 완성한 메시지 카드를 선택한 후 [삽입]을 클릭합니다.

생자소 **TIP**

메시지 카드의 봉투를 만들려면 메시지 카드의 크기를 알아야 합니다. 이전 시간에 완성한 메시지 카드의 크기를 확인하며 봉투를 만들기 위해 메시지 카드를 슬라이드에 삽입합니다.

③ 메시지 카드가 추가되면 그림과 같이 크기와 위치를 조절합니다.

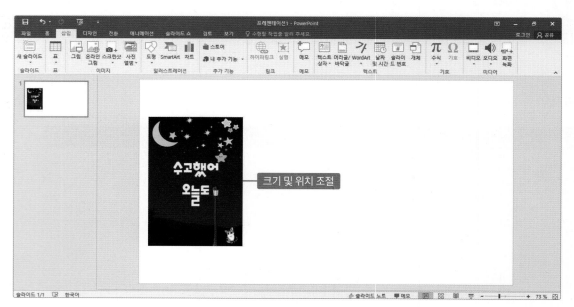

생자소 TIP

봉투를 만들 작업 공간을 만들기 위해 메시지 카드의 위치를 조절하고, 만들 봉투의 크기를 고려하여 메시지 카드의 크기를 조절합니다.

④ [삽입] 탭-[도형(◇)]-[직사각형]을 선택한 후 마우스를 드래그하여 메시지 카드보다 크게 도형을 만듭니다.

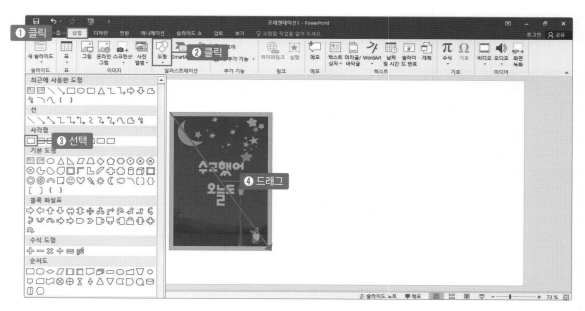

생자소 TIP

'직사각형' 도형은 메시지 카드가 담길 봉투의 크기를 나타냅니다.

⑤ '직사각형' 도형의 위치를 그림과 같이 조절한 후 [삽입] 탭-[도형(⬦)]-[순서도:지연]을 선택하여 '직사 각형' 도형 옆쪽에 삽입합니다.

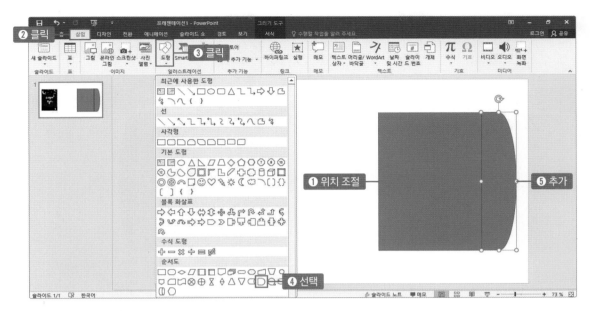

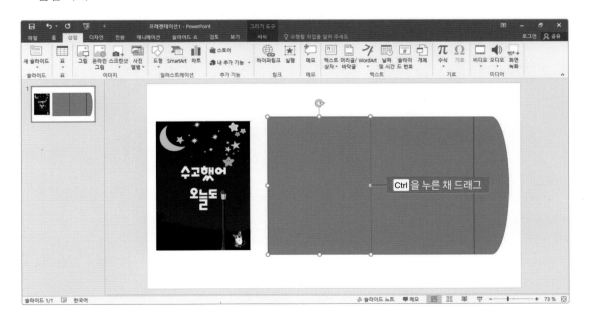

🐨 생자소 **T I P**

'순서도:지연' 도형을 이용하여 메시지 카드 입구를 밀봉할 수 있는 봉투 뚜껑을 만듭니다.

⑥ 슬라이드의 '직사각형' 도형을 선택하고 Ctrl 키를 누른 채 드래그하여 복제한 후 그림과 같이 위치를 조절합니다.

⑦ **⑥**과 같은 방법으로 '직사각형' 도형을 복제하고 크기를 조절한 후 복제된 '직사각형'을 도형 위쪽과 아래쪽으로 위치시켜 풀칠할 부분을 만듭니다.

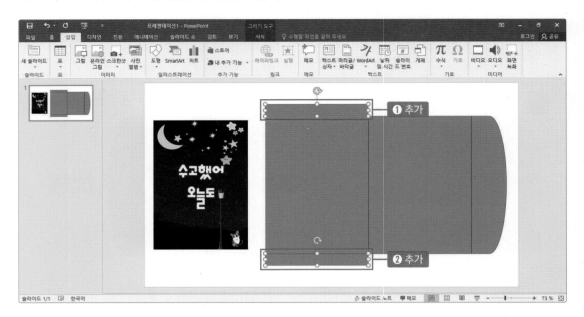

⑧ 마우스를 드래그하여 슬라이드에 삽입된 도형을 전체 선택합니다.

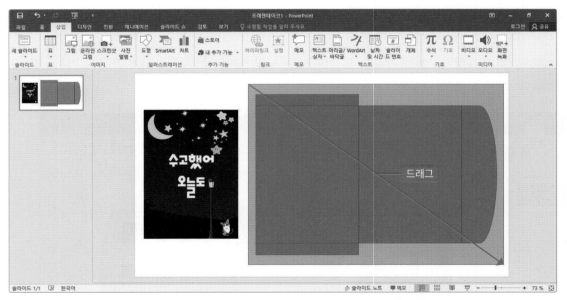

⑨ 도형이 전체 선택되면 [그리기 도구]-[서식] 탭-[도형 채우기]를 클릭하여 메시지 카드 봉투에 어울리는 색상을 선택합니다.

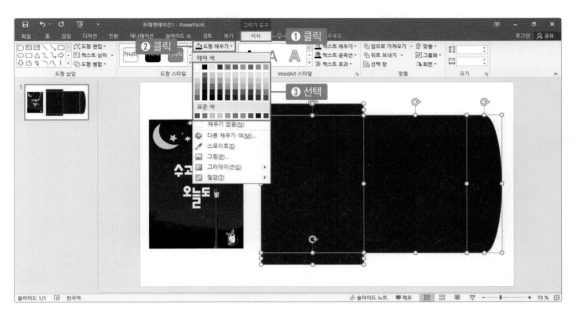

생자소 T I P

[다른 채우기 색]을 클릭하면 다양한 색상을 확인할 수 있습니다.

⑩ 이어서 [그리기 도구]-[서식] 탭-[도형 윤곽선]을 클릭하여 메시지 카드 봉투 접힘 부분의 색상을 변경합니다.

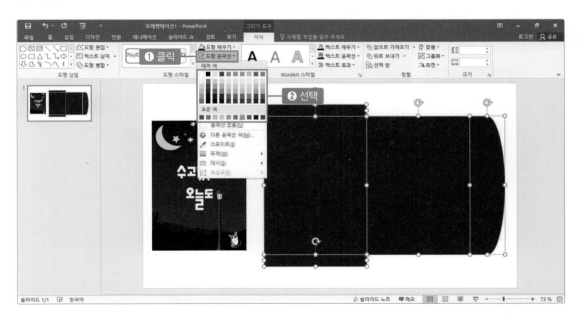

⑪ 풀칠할 부분을 표현하기 위해 Ctrl 키를 누른 채 앞서 복제된 '직사각형' 도형 위쪽과 아래쪽에 추가한 '직사각형' 도형을 각각 선택한 후 마우스 오른쪽 버튼을 클릭하여 [개체 서식]을 클릭합니다.

⑫ 이어서 화면에 [도형 서식] 창이 나타나면 [채우기]-[패턴 채우기]-[넓은 상향 대각선]을 클릭합니다.

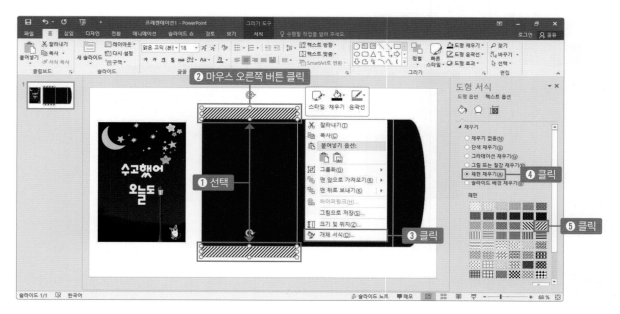

⑬ 앞서 배운 내용을 참고하여 메시지 카드 봉투를 자유롭게 꾸며 봅니다.

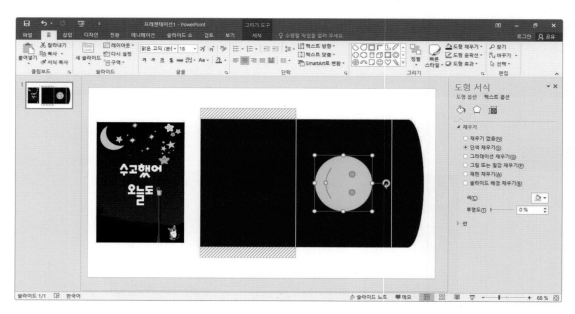

⑭ 메시지 카드 봉투가 완성되면 메시지 카드와 봉투를 프린트하여 봉투를 만들고 메시지 카드를 봉투에 담아 봅니다.

뿜뿜! 생각 키우기

▶ 예제 파일 : 없음   ▶ 완성 파일 : 06강-뿜뿜 완성.pptx

미션 **1** 도형을 이용하여 주사위의 전개도를 만들어 봅니다.

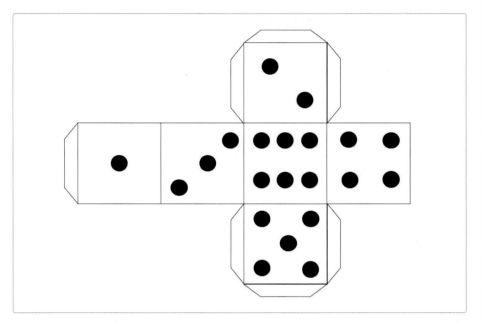

미션 **2** 완성된 전개도를 프린트하여 주사위를 만들어 봅니다.

▶ 예제 파일 : 없음 ▶ 완성 파일 : 07강-완성.pptx

제목 템플릿 만들기

발표자료 만들기 숙제 중인 해람이는 슬라이드를 예쁘게 만들기 위해 템플릿을 찾고 있었어요.
'이것도 별로고... 저것도 별로고... 마음에 드는 것이 하나도 없어.'
아무리 템플릿을 찾아봐도 마음에 드는 것이 없던 해람이는 직접 템플릿을 만들기로 결심했어요.
'먼저 제목 슬라이드에 사용할 템플릿부터 만들어보자!'

학습목표

● 다양한 요소를 이용하여 템플릿 배경을 만들 수 있습니다.
● 텍스트 상자를 추가하여 제목 입력 칸을 만들 수 있습니다.
● 여러 개의 요소를 하나의 개체로 그룹화할 수 있습니다.
● 요소가 선택되거나 이동하지 못하도록 잠금 설정할 수 있습니다.

01 제목 슬라이드 템플릿 배경 만들기

디자인 요소와 도형을 이용하여 제목 슬라이드 템플릿의 배경을 만들어 봅니다.

① 크롬(◉) 브라우저를 실행하고 미리캔버스(https://www.miricanvas.com/) 홈페이지에 접속한 후 [로그 인하기]를 클릭하여 로그인합니다.

② [디자인 만들기]-[프레젠테이션(▶)]을 클릭합니다.

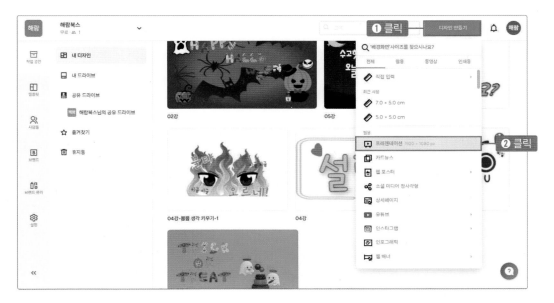

③ 디자인 페이지가 열리면 겨울 분위기의 템플릿을 만들기 위해 [배경(▨)]-[단색]을 클릭하여 페이지 배경색을 선택합니다.

생각소 TIP

• 템플릿을 꼭 겨울 분위기가 나도록 만들지 않아도 됩니다. 본인이 만들고 싶은 템플릿의 분위기를 고려하여 페이지의 배경색을 선택해 봅니다.
• 페이지 하단의 도구 상자에서 [애니메이션(◉)] 왼쪽의 [배경 색상]을 클릭하여 배경색을 변경할 수도 있습니다.

④ [요소(🎨)]-[도형]을 클릭하고 [기본 도형]-[더보기]를 클릭한 후 '둥근 사각형' 도형을 선택합니다. 이어서 도형이 페이지에 추가되면 크기를 그림과 같이 조절합니다.

⑤ '둥근 사각형' 도형을 클릭한 후 [속성] 창에서 [색상]을 클릭하여 도형의 색상을 변경합니다.

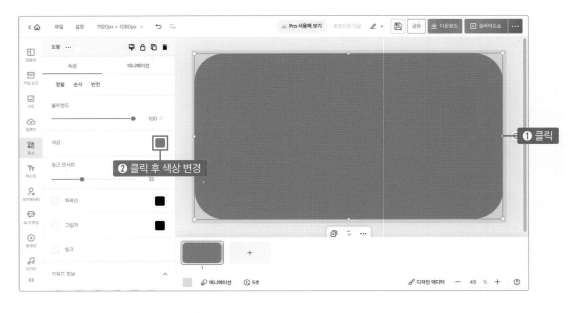

6 [요소(□△)]-[일러스트]를 클릭한 후 검색창에 '눈'을 검색하여 '눈'과 관련된 디자인 요소를 페이지에 추가합니다. 이어서 요소를 복제하여 페이지 전체를 눈으로 꾸며 봅니다.

생자소 **T I P**

Ctrl + D 키를 눌러 요소를 복제할 수 있습니다.

7 이어서 [요소(□△)]에서 겨울 분위기의 다양한 디자인 요소를 찾아 템플릿 배경을 꾸며 봅니다.

⑧ 여러 개의 요소를 그룹화하기 위해 Ctrl + A 키를 눌러 추가한 도형과 요소를 전체 선택한 후 마우스 오른쪽 버튼을 클릭하고 [그룹]을 클릭합니다.

⑨ 이어서 템플릿 배경을 수정하거나 선택되지 않도록 하기 위해 다시 마우스 오른쪽 버튼을 클릭한 후 [잠금]을 클릭합니다.

⑩ 제목을 입력할 수 있는 공간을 만들기 위해 [요소(📑)]-[도형]-[기본 도형]-[더보기]를 클릭하여 '구름' 도형을 페이지에 추가하고 크기와 위치를 조절합니다.

⑪ 추가한 '구름' 도형을 선택한 후 [속성] 창에서 [색상]을 클릭하여 색상을 변경합니다.

⑫ '구름' 도형을 복제하여 그림과 같이 제목을 입력할 공간을 만듭니다. 이어서 Ctrl 키를 누른 채 '구름' 도형을 전체 선택한 후 마우스 오른쪽 버튼을 클릭하고 [그룹]을 클릭합니다.

생자소 TIP

제목을 입력할 공간이 움직이지 않도록 하려면 그룹화된 '구름' 도형을 마우스 오른쪽 버튼으로 클릭한 후 [잠금]을 클릭합니다.

02 제목 입력 칸 만들기

텍스트 상자를 추가하여 슬라이드에 제목을 입력할 수 있도록 만들어 봅니다.

1 [제목 입력 칸]을 만들기 위해 [텍스트(**Tт**)]-[제목 텍스트 추가]를 클릭한 후 페이지에 텍스트 상자가 추가되면 그림과 같이 위치를 조절하고 [속성] 창-[글자색]을 클릭하여 글자 색상을 변경합니다.

2 앞서 배운 내용을 참고하여 다양한 디자인 요소와 텍스트 상자를 추가하여 [부제목 입력 칸]을 만듭니다.

3 제목 슬라이드 템플릿이 완성되면 상단 도구의 [제목 입력 칸]에 디자인 파일명을 입력한 후 [저장 (💾)]을 클릭하여 저장합니다.

뿜뿜! 생각 키우기

07 Chapter

▶ 예제 파일 : 없음 ▶ 완성 파일 : 07강-뿜뿜 완성.pptx

미션 **1** 다양한 요소를 이용하여 아기돼지 삼형제 동화에 어울리는 제목 템플릿 배경을 만들어 봅니다.

미션 **2** 텍스트 상자와 도형을 이용하여 [제목 입력 칸]을 만들어 봅니다.

나와라, 힌트! ◯▶ 템플릿을 완성한 후 텍스트 상자를 제외한 전체 요소는 그룹화한 후 잠금 설정합니다.

Chapter 08

▶ 예제 파일 : 없음 ▶ 완성 파일 : 08강-완성.pptx

목차 템플릿 만들기

제목 슬라이드 템플릿을 완성한 해람이는, 이어서 목차 슬라이드 템플릿을 만드는 중이에요.
'목차가 깔끔하게 보였으면 좋겠는데.. 도형 간격과 위치를 일정하게 조절할 수는 없을까?'
방법을 찾아 워크스페이스 이곳 저곳을 탐색하던 해람이는 정렬 기능을 발견했어요.
'정렬 기능을 이용하면 목차 슬라이드 템플릿을 깔끔하게 만들 수 있겠어!'

🔍 학습목표

● 다양한 요소를 이용하여 템플릿 배경을 만들 수 있습니다.
● 정렬 기능을 이용하여 텍스트 상자와 요소의 시작 위치를 지정할 수 있습니다.
● 정렬 기능을 이용하여 텍스트 상자와 요소의 간격을 일정하게 정렬할 수 있습니다.
● 텍스트 상자의 폰트를 이용하여 목차 제목과 목차 내용을 입력할 수 있습니다.

01 목차 슬라이드 템플릿 배경 만들기

디자인 요소와 도형을 이용하여 목차 슬라이드 템플릿의 배경을 만들어 봅니다.

① 크롬(◎) 브라우저를 실행하고 미리캔버스(https://www.miricanvas.com/) 홈페이지에 접속한 후 [로그인하기]를 클릭하여 로그인합니다.

② [작업 공간(◫)]-[내 디자인]을 클릭한 후 이전 시간에 작업한 '제목 슬라이드 템플릿' 디자인 파일을 실행합니다.

③ 디자인 페이지가 열리면 목차 슬라이드 템플릿을 디자인할 페이지를 추가하기 위해 페이지 하단의 [페이지 추가(+)]를 클릭합니다.

④ 추가된 페이지가 열리면 [배경(▨)]-[단색]을 클릭하여 제목 슬라이드 템플릿에 적용한 배경색과 동일한 배경색을 지정합니다.

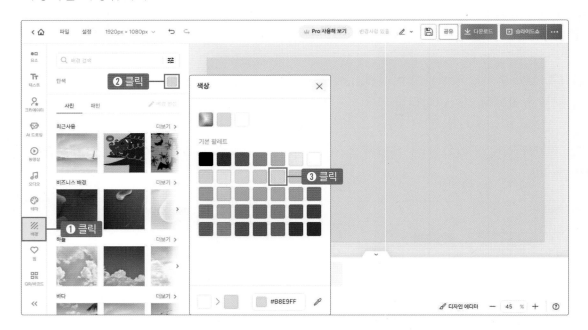

⑤ 이어서 [요소(▨)]-[도형]-[기본 도형]-[더보기]를 클릭하여 '직사각형' 도형을 추가한 후 그림과 같이 크기와 색상을 변경합니다.

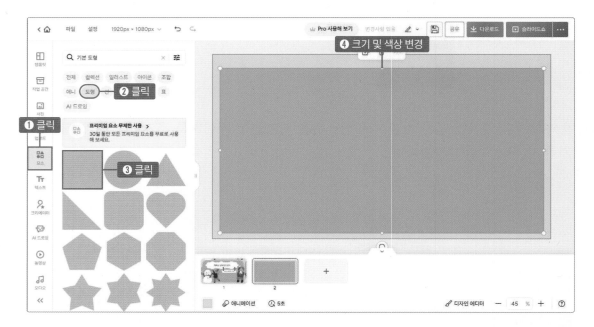

6 눈이 쌓인 모습을 표현하기 위해 [요소( )]-[전체]를 클릭하고 검색창에 '눈'을 검색하여 요소를 추가한 후 색상을 '흰색'으로 변경합니다.

![생자소 TIP]
미리캔버스에서 제공하는 디자인 요소가 부족하다면 [이미지 예제 파일] 폴더의 다양한 이미지를 활용합니다.

7 추가된 '눈' 요소를 복제하여 눈 쌓인 모습을 만들고 다양한 디자인 요소를 이용하여 템플릿 배경을 만들어 봅니다.

⑧ 여러 개의 요소를 그룹화하기 위해 Ctrl + A 키를 눌러 추가한 도형과 요소를 전체 선택한 후 마우스 오른쪽 버튼을 클릭하고 [그룹]을 클릭합니다.

⑨ 이어서 템플릿 배경을 수정하거나 선택되지 않도록 하기 위해 다시 마우스 오른쪽 버튼을 클릭한 후 [잠금]을 클릭합니다.

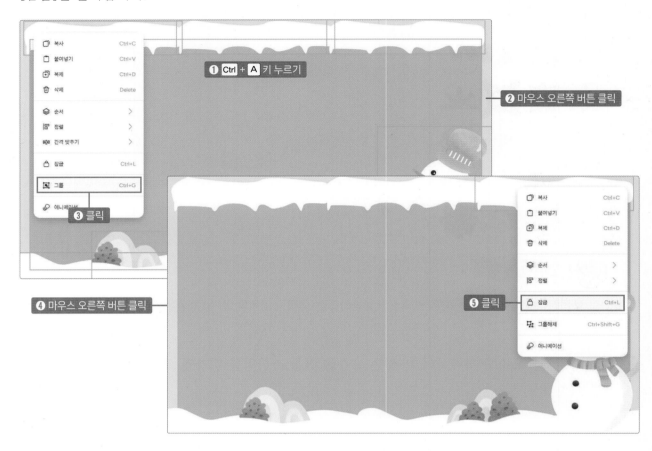

⑩ [요소(⬚⬚)]에서 도형을 추가하고 색상을 변경하여 그림과 같이 목차를 입력할 공간을 만듭니다.

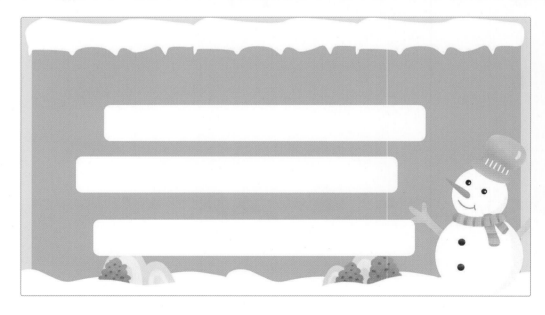

⑪ 추가한 도형을 정렬시키기 위해 Ctrl 키를 누른 채 도형을 각각 클릭한 후 [속성] 창-[정렬]-[왼쪽], [세로 간격]을 클릭합니다.

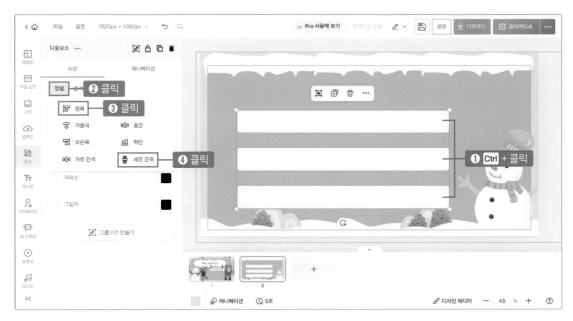

생자소 T I P

정렬 기능을 이용하면 텍스트 상자, 요소, 도형 등의 개체를 선택한 기준(왼쪽, 오른쪽, 상단 등)으로 정렬할 수 있고, 각 개체의 가로 간격 또는 세로 간격을 일정하게 정렬할 수 있습니다.

⑫ [요소(🔲)]에서 겨울과 관련된 다양한 요소를 추가하여 목차 템플릿을 꾸며 봅니다.

02 목차 입력 칸 만들기

텍스트 상자를 추가하여 슬라이드에 목차를 입력할 수 있도록 만들어 봅니다.

① [텍스트(Tᴛ)]-[폰트]를 클릭하여 원하는 글꼴을 선택한 후 페이지에 텍스트 상자가 추가되면 텍스트 상자를 마우스 오른쪽 버튼으로 클릭하고 [그룹해제]를 클릭합니다.

② 그룹 해제된 텍스트 상자에서 원하는 텍스트 상자를 선택하고 복제하여 [목차 입력 칸]을 만듭니다. 이어서 Ctrl 키를 누른 채 텍스트 상자를 각각 선택한 후 [속성] 창-[정렬]-[왼쪽], [세로 간격]을 클릭합니다.

생자소 TIP

그룹 해제된 텍스트 상자 중 불필요한 텍스트 상자는 삭제합니다.

③ 목차 슬라이드 템플릿이 완성되면 상단 도구의 [제목 입력 칸]에 디자인 파일명을 입력한 후 [저장(💾)]을 클릭하여 저장합니다.

뿜뿜! 생각 키우기

08 Chapter

▶ 예제 파일 : 없음 ▶ 완성 파일 : 08강-뿜뿜 완성.pptx

미션 **1** [디자인 만들기]-[프레젠테이션(🖵)]을 선택한 후 텍스트 상자와 요소를 이용하여 그림과 같이 페이지를 꾸며 봅니다.

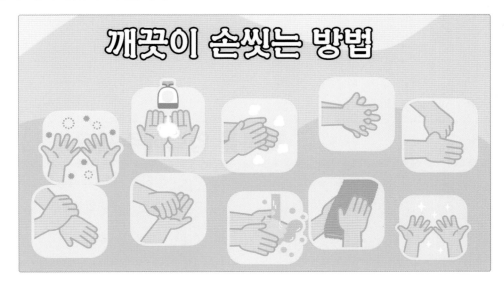

미션 **2** 정렬 기능을 이용하여 텍스트 상자와 요소들을 보기 좋게 정렬해 봅니다.

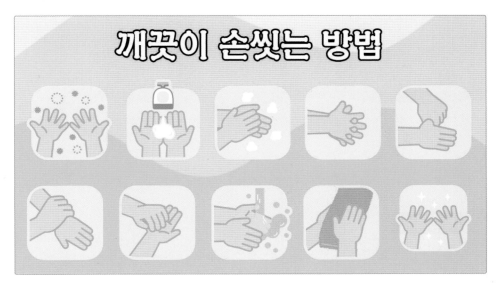

Chapter 09

▶ **예제 파일** : 없음 ▶ **완성 파일** : 09강-완성.pptx

내용 템플릿 만들기

내용 슬라이드 템플릿을 만들던 해람이는 문득 템플릿에 도형들만 가득하다는 걸 깨달았어요.
'음.. 템플릿이 너무 단순한데.. 더 좋은 방법이 없을까?'
다시 워크스페이스를 살펴보던 해람이는 선, 불투명도, 연필 등의 다양한 기능이 있다는 것을
발견하고 멋지게 내용 슬라이드 템플릿을 꾸미기 시작했어요.

제목을 입력해주세요.

본문 내용을 입력해주세요.

본문 내용을 입력해주세요.

🔍 학습목표

● 템플릿 배경이 보이도록 도형의 불투명도를 조절할 수 있습니다.
● 정렬 기능을 이용하여 텍스트의 위치를 정렬할 수 있습니다.
● 페이지를 복제하여 새로운 스타일의 템플릿을 디자인할 수 있습니다.
● 선을 이용하여 2단의 내용 입력 공간을 만들 수 있습니다.

01 내용 템플릿 만들기

도형과 선을 이용하여 내용 슬라이드 템플릿을 만들어 봅니다.

1 크롬(◉) 브라우저를 실행하고 미리캔버스(https://www.miricanvas.com/) 홈페이지에 접속한 후 [로그인하기]를 클릭하여 로그인합니다.

2 [작업 공간(☰)]-[내 디자인]을 클릭한 후 이전 시간에 작업한 '목차 슬라이드 템플릿' 디자인 파일을 실행합니다.

3 디자인 페이지가 열리면 내용 슬라이드 템플릿을 디자인할 페이지를 추가하기 위해 페이지 하단의 [페이지 추가(+)]를 클릭합니다.

④ 추가된 페이지가 열리면 [배경(⬚)]-[단색]을 클릭하여 배경색을 변경하고 도형과 요소를 이용하여 내용 슬라이드 템플릿 배경을 꾸며 봅니다.

🐨 생자소 T I P

1페이지 또는 2페이지에서 이전 시간에 사용했던 요소를 복사하여 사용해도 됩니다.

⑤ 이어서 [요소(⬚)]-[선]-[밑줄/색연필]에서 원하는 모양의 선을 추가합니다. 이어서 추가된 선을 선택한 후 길이를 조절하고 [속성] 창-[색상]을 클릭하여 색상을 변경합니다.

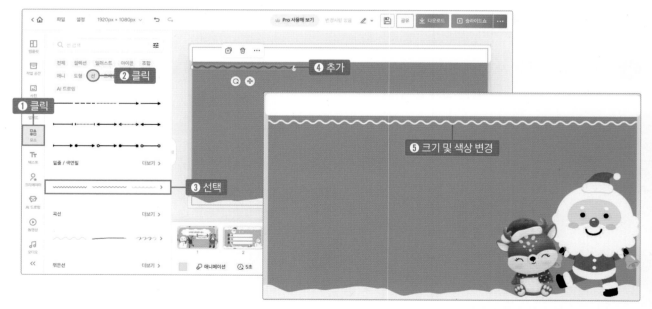

🐨 생자소 T I P

'선' 카테고리에 포함된 요소 중에는 가로 크기를 조절할 때 이미지의 크기가 조절되는 것이 아니라, 같은 모양의 선이 추가되거나 줄어드는 요소들이 있습니다.

⑥ [요소(🔲)]-[도형]-[기본 도형]-[더보기]를 클릭하고 '둥근 사각형' 도형을 선택하여 내용을 입력할 수 있는 공간을 만든 후 색상을 변경합니다.

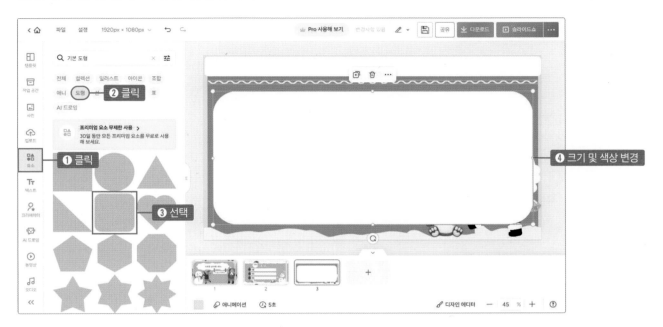

⑦ 템플릿 배경이 보이도록 하기 위해 '둥근 사각형' 도형을 선택하고 [속성] 창에서 '불투명도', '둥근 모서리' 값을 변경합니다.

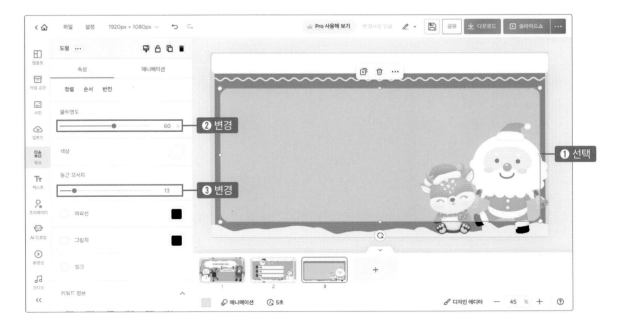

⑧ [텍스트(Tr)]를 클릭한 후 [제목 텍스트 추가], [본문 텍스트 추가]를 클릭하여 텍스트 상자를 추가한 후 그림과 같이 위치와 크기를 조절합니다.

생자소 **TIP**

본문 텍스트 상자는 내용을 입력할 공간의 가로 크기에 맞추어 크기를 조절합니다.

⑨ 텍스트의 위치를 정렬하기 위해 본문 텍스트 상자를 선택한 후 [속성] 창에서 [왼쪽 정렬(≡)]을 클릭합니다.

생자소 **TIP**

텍스트가 아닌 텍스트 상자의 위치를 정렬할 때는 [속성] 창-[정렬]을 클릭한 후 정렬할 위치를 선택합니다.

02 다른 스타일의 내용 템플릿 만들기

완성한 내용 슬라이드 템플릿을 복제하여 다른 스타일의 템플릿을 만들어 봅니다.

① 3페이지의 템플릿 디자인을 복제하여 사용하기 위해 페이지 하단의 3페이지에 마우스 포인터를 가져다 대고 [속성(...)]을 클릭한 후 [페이지 복제( )]를 클릭합니다.

② 4페이지로 이동한 후 2단으로 내용을 입력할 수 있는 템플릿을 만들기 위해 본문 텍스트 상자와 '둥근 사각형' 도형의 크기를 그림과 같이 조절합니다.

③ Ctrl 키를 누른 채 본문 텍스트 상자와 '둥근 사각형' 도형을 각각 클릭하고 마우스 오른쪽 버튼을 클릭하여 [복제]를 클릭한 후 그림과 같이 복제된 텍스트 상자와 도형의 위치를 조절합니다.

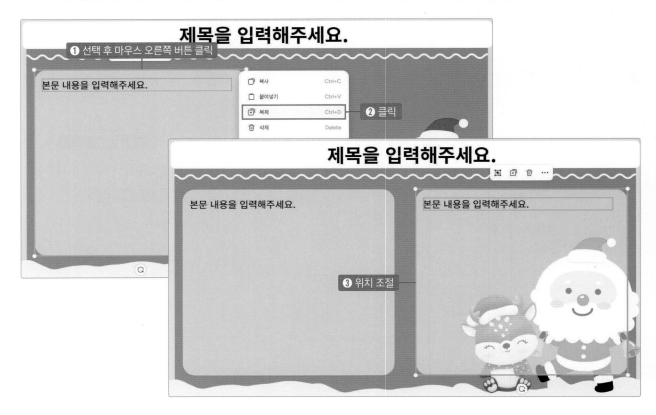

④ [요소(▦)]-[선]을 클릭하고 원하는 모양의 선을 추가하여 그림과 같이 2개의 내용 입력 공간을 구분합니다.

페이지에 추가한 선을 클릭하면 [속성] 창에서 불투명도, 선 색상, 선 두께, 둥근 끝점, 그림자, 선 종류, 끝 모양 종류 등의 선 속성을 지정할 수 있습니다.

⑤ 내용 슬라이드 템플릿이 완성되면 상단 도구의 [제목 입력 칸]에 디자인 파일명을 입력한 후 [저장(▣)]을 클릭하여 저장합니다.

뿜뿜! 생각 키우기

▶ 예제 파일 : 없음 ▶ 완성 파일 : 09강-뿜뿜 완성.pptx

미션 **1** 페이지를 추가한 후 마지막 슬라이드 템플릿의 배경을 만들어 봅니다.

미션 **2** 텍스트 상자와 요소를 이용하여 마지막 슬라이드 템플릿을 완성해 봅니다.

나와라, 힌트! ◦ 인사 메시지는 텍스트 상자 대신 요소를 이용하여 추가해도 됩니다.

Chapter 10

▶ 예제 파일 : 없음 ▶ 완성 파일 : 10강-완성.pptx

개성 넘치는 요소 만들기

드디어 슬라이드 템플릿을 모두 완성한 해람이는 무척 뿌듯했어요. 하지만 즐거움도 잠시,
해람이는 다시 한 가지 고민이 생겼어요.
'이번에는 미리캔버스에서 제공하는 요소를 사용했는데.. 좀 더 특별한 요소가 있었으면 좋겠어.'
해람이는 결국 개성 넘치는 요소를 디자인해 보기로 결심했어요.

 본문 내용을 입력해주세요.
본문 내용을 입력해주세요.

 본문 내용을 입력해주세요.
본문 내용을 입력해주세요.

 본문 내용을 입력해주세요.
본문 내용을 입력해주세요.

 본문 내용을 입력해주세요.
본문 내용을 입력해주세요.

 본문 내용을 입력해주세요.
본문 내용을 입력해주세요.

 본문 내용을 입력해주세요.
본문 내용을 입력해주세요.

학습목표

● 도형을 추가하고 외곽선 속성을 지정할 수 있습니다.
● 도형, 요소, 텍스트 상자를 이용하여 새로운 요소를 디자인할 수 있습니다.
● 여러 개의 요소를 하나의 개체로 그룹화할 수 있습니다.
● 페이지를 추가하여 다양한 요소를 디자인할 수 있습니다.

01 새로운 요소 만들기

도형과 요소를 이용하여 발표 자료에 필요한 다양한 표와 아이콘을 만들어 봅니다.

① 크롬(⊙) 브라우저를 실행하고 미리캔버스(https://www.miricanvas.com/) 홈페이지에 접속한 후 [로그인하기]를 클릭하여 로그인합니다.

② [작업 공간(🗔)]-[내 디자인]을 클릭한 후 이전 시간에 작업한 '내용 슬라이드 템플릿' 디자인 파일을 실행합니다.

③ 디자인 페이지가 열리면 새로운 요소를 디자인할 페이지를 추가하기 위해 페이지 하단의 [페이지 추가(+)]를 클릭합니다.

④ 추가된 페이지가 열리면 [요소(🖿)]-[도형]-[기본 도형]에서 '둥근 사각형' 도형을 추가한 후 도형의 크기 및 색상을 변경합니다. 이어서 [속성] 창-[외곽선]에 체크한 후 외곽선 속성을 지정합니다.

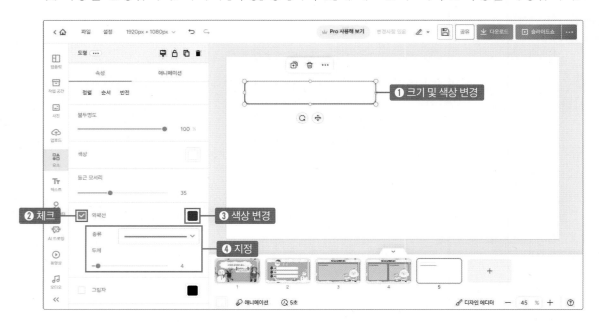

외곽선은 '실선' 또는 '점선' 모양으로 지정할 수 있습니다.

⑤ [요소(🖿)]-[도형]-[기본 도형]에서 '위쪽 둥근 사각형' 도형을 추가한 후 그림과 같이 텍스트를 입력할 수 있는 공간을 만듭니다.

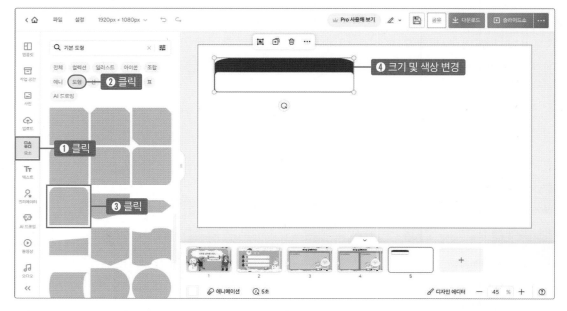

[속성] 창에서 색상을 변경하고 '둥근 모서리' 값을 조절하여 도형의 모서리를 둥글게 변경해 봅니다.

6 [요소(⊞)]-[도형]-[기본 도형]에서 '원' 도형을 추가한 후 그림과 같이 크기와 위치를 조절하고 색상을 변경합니다.

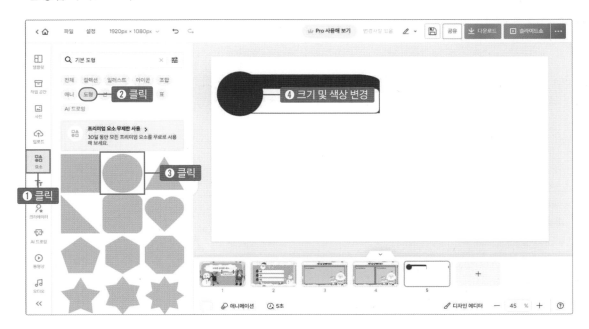

7 [요소(⊞)]-[전체]를 클릭한 후 검색창에 추가하고 싶은 요소를 검색하여 그림과 같이 추가합니다.

02 텍스트 상자 추가하고 그룹화하기

완성한 새로운 요소에 텍스트 상자를 추가하고 모든 개체를 그룹화해 봅니다.

① [텍스트(🇹)]-[본문 텍스트 추가]를 클릭하여 텍스트 상자를 추가한 후 그림과 같이 위치를 조절하고 텍스트 속성을 지정합니다.

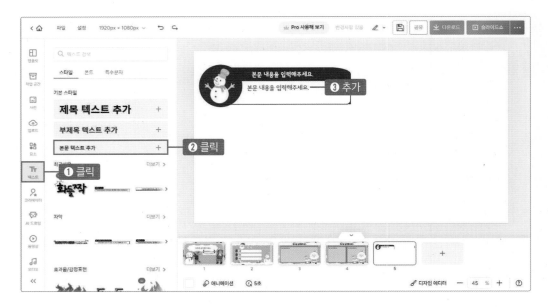

② 마우스를 드래그하여 텍스트 상자와 요소를 전체 선택한 후 마우스 오른쪽 버튼을 클릭하고 [그룹]을 클릭합니다.

생자소 **TIP**

텍스트를 입력할 공간이 부족하다면 다시 그룹을 해제한 후 요소 및 텍스트 상자의 크기를 조절하여 사용합니다.

③ 앞서 배운 내용을 참고하여 다양한 디자인의 요소를 만들어 본 후 상단 도구의 [제목 입력 칸]에 디자인 파일명을 입력하고 [저장(💾)]을 클릭하여 저장합니다.

뿜뿜! 생각 키우기

▶ 예제 파일 : 없음 ▶ 완성 파일 : 10강-뿜뿜 완성.pptx

미션 **1** 페이지를 추가한 후 숫자를 나타내는 아이콘을 완성해 봅니다.

미션 **2** 페이지를 추가한 후 라이브 방송을 위한 스트리밍 배경을 완성해 봅니다.

Chapter 11

▶ 예제 파일 : 없음　▶ 완성 파일 : 11강-완성.png

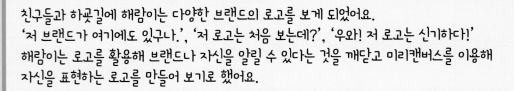 나만의 로고 디자인하기

친구들과 하굣길에 해람이는 다양한 브랜드의 로고를 보게 되었어요.
'저 브랜드가 여기에도 있구나.', '저 로고는 처음 보는데?', '우와! 저 로고는 신기하다!'
해람이는 로고를 활용해 브랜드나 자신을 알릴 수 있다는 것을 깨닫고 미리캔버스를 이용해
자신을 표현하는 로고를 만들어 보기로 했어요.

🔍 학습목표

● 나의 특징과 나를 표현하는 문구와 이미지를 작성할 수 있습니다.
● 도형과 요소를 이용하여 나를 표현하는 이미지를 만들 수 있습니다.
● 텍스트 상자를 추가하고 텍스트에 곡선 효과를 적용할 수 있습니다.
● 여러 개의 요소를 하나의 개체로 그룹화할 수 있습니다.

01 로고 만들기

나를 표현할 수 있는 로고를 완성해 봅니다.

① 나를 표현할 로고를 만들기 위해 내가 생각하는 나의 특징, 나를 표현하는 문구, 나를 표현하는 이미지를 작성해 봅니다.

나의 특징	예 해를 닮은 밝은 아이, 긍정적인 아이
나를 표현하는 문구	예 Let's power up, happy sun
나를 표현하는 이미지	예 밝게 빛나는 해

② 크롬(🌐) 브라우저를 실행하고 미리캔버스(https://www.miricanvas.com/) 홈페이지에 접속한 후 [로그인하기]를 클릭하여 로그인합니다.

③ [디자인 만들기]-[카드뉴스(⬚)]를 클릭합니다.

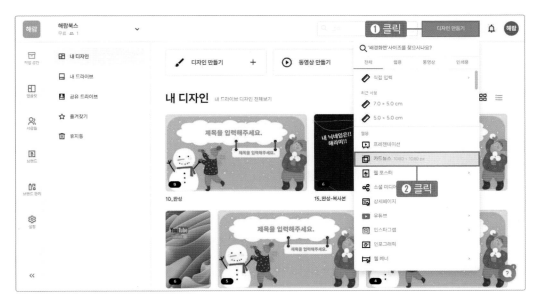

④ '해를 닮은 밝은 아이'를 표현하기 위해 [요소(▥▥)]-[도형]을 클릭한 후 검색창에 '해'를 검색하여 '해' 도형을 추가한 후 도형의 색상을 변경합니다.

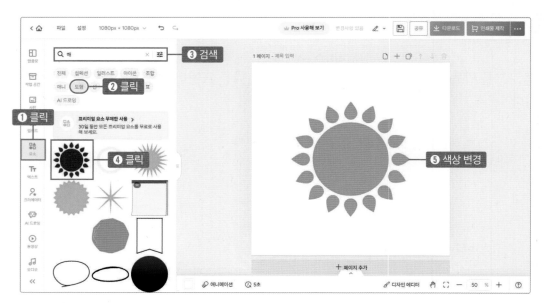

🐨 생자소 **TIP**

앞서 작성한 나의 특징과 나를 표현하는 이미지와 연관된 요소를 검색하여 페이지에 추가합니다.

⑤ 이어서 [요소(▥▥)]-[도형]-[기본 도형]에서 '원' 도형을 추가하고 '해' 도형 중간에 맞추어 크기와 위치를 조절합니다.

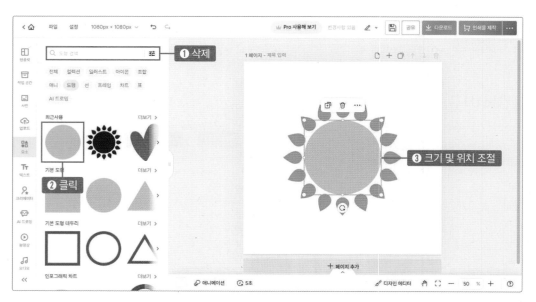

🐨 생자소 **TIP**

앞서 검색창에 입력한 내용은 삭제한 후 '원' 도형을 페이지에 추가합니다.

6 '원' 도형을 선택한 후 [속성] 창-[색상]을 클릭하여 색상을 변경합니다.

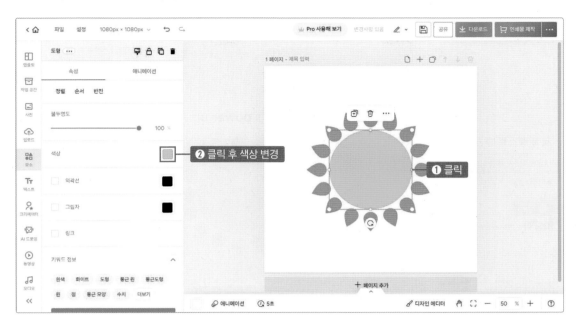

7 표정을 추가하기 위해 [요소(🎭)]-[전체]를 클릭한 후 검색창에 '웃는 표정'을 검색하여 원하는 요소를 추가하고 크기와 위치를 조절합니다.

🐨 **생자소 TIP**

미리캔버스에서 제공하는 디자인 요소가 부족하다면 [이미지 예제 파일] 폴더의 다양한 이미지를 활용합니다.

⑧ [텍스트(Tr)]-[부제목 텍스트 추가]를 클릭하여 텍스트 상자가 추가되면 나를 표현하는 문구를 입력합니다.

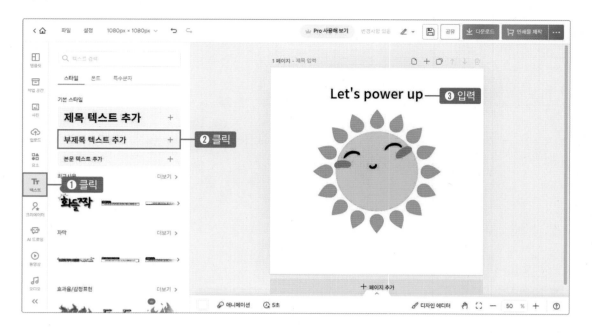

⑨ 텍스트 상자를 선택한 후 [속성] 창-[글자 조정]-[곡선]에 체크하여 텍스트에 곡선 효과를 적용한 후 이미지와 어울리도록 크기와 위치를 조절합니다.

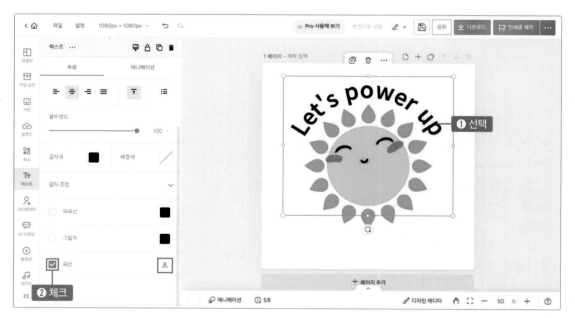

'곡선' 효과를 적용하면 기본적인 곡선의 종류는 '안쪽 쓰기'로 설정됩니다.

⑩ ⑧과 같은 방법으로 텍스트 상자를 추가한 후 나를 표현하는 문구를 입력합니다.

⑪ 텍스트 상자를 선택한 후 [속성] 창-[글자 조정]-[곡선]에 체크하고 [안쪽 쓰기(⊼)]를 클릭하여 곡선의 종류를 '바깥쪽 쓰기'로 변경합니다. 이어서 이미지와 어울리도록 크기와 위치를 조절합니다.

⑫ 텍스트 간격이 좁을 경우 [속성] 창-[글자 조정]의 목록 버튼(⌄)을 클릭한 후 '자간'을 조절해 봅니다.

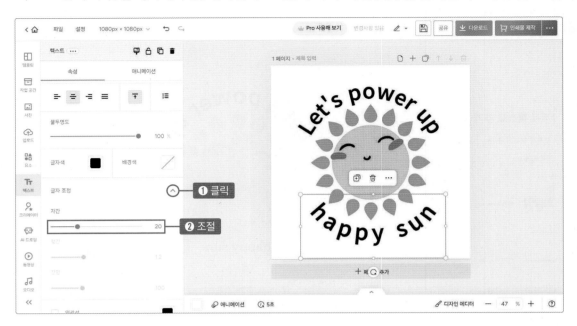

⑬ 마우스를 드래그하여 페이지에 추가된 개체를 전체 선택한 후 마우스 오른쪽 버튼을 클릭하고 [그룹]을 클릭합니다.

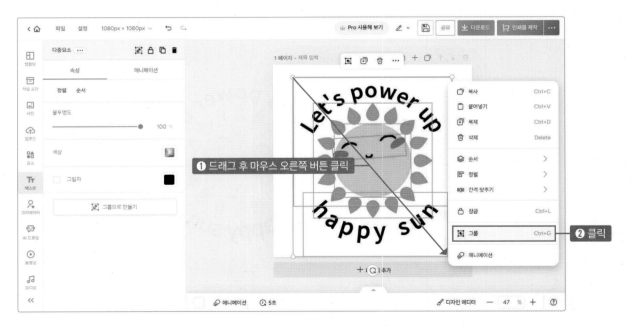

⑭ 로고가 완성되면 [다운로드]-[웹용]-[파일형식]-[PNG]를 클릭하고 [PNG 옵션]-[투명한 배경]에 체크한 후 [빠른 다운로드]를 클릭합니다.

뿜뿜! 생각 키우기

▶ 예제 파일 : 없음 ▶ 완성 파일 : 11강-뿜뿜 완성1.png, 11강-뿜뿜 완성2.png

미션 **1** 도서관을 표현할 수 있는 로고를 완성해 봅니다.

미션 **2** 놀이동산을 표현할 수 있는 로고를 완성해 봅니다.

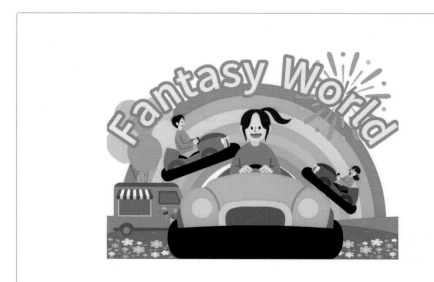

▶ 예제 파일 : 12강-예제.pptx, 12강-예제(로고).png   ▶ 완성 파일 : 겨울 테마.thmx

겨울 테마 PPT 만들기

해람이는 본인이 완성한 슬라이드 템플릿과 요소를 활용해 멋진 발표 자료를 만들려고 준비 중이에요.
'음.. 미리캔버스 말고 파워포인트 프로그램에서 작업한 템플릿을 사용하고 싶은데..'
해람이는 파워포인트에 템플릿을 적용할 수 있는 방법을 이리 저리 찾아 보았어요.
'아! 슬라이드 마스터, 이거면 되겠다!'

🔍 학습목표

- 미리캔버스에서 작업한 템플릿 디자인을 PPT 파일로 저장할 수 있습니다.
- 미리캔버스에서 작업한 템플릿을 슬라이드 마스터에 적용할 수 있습니다.
- 완성한 템플릿을 파워포인트 테마로 저장할 수 있습니다.
- 저장한 테마를 불러와 새로운 프레젠테이션을 작성할 수 있습니다.

완성한 템플릿을 PPT 파일로 다운로드하기

미리캔버스에서 완성한 템플릿을 파워포인트에서 사용할 수 있도록 다운로드해 봅니다.

① 크롬( ) 브라우저를 실행하고 미리캔버스(https://www.miricanvas.com/) 홈페이지에 접속한 후 [로그인하기]를 클릭하여 로그인합니다.

② [작업 공간( )]-[내 디자인]을 클릭한 후 10강에서 완성한 파일('템플릿 완성 파일')을 실행합니다.

③ 디자인 페이지가 열리면 [다운로드]-[웹용]-[파일형식]-[PPT]를 선택하고 [PPT 옵션]-[개별 요소 이미지화]를 선택한 후 [다운로드]를 클릭합니다.

• 만일 [저작권 확인] 안내 창이 나타나면 [동의했어요!]에 체크한 후 [확인]을 클릭합니다.
• 미리캔버스에서 추가한 텍스트 상자를 파워포인트에서도 사용하고 싶다면 [PPT 옵션]-[텍스트 편집 가능]을 선택한 후 다운로드합니다.

02 파워포인트에 템플릿 적용하기

파워포인트의 슬라이드 마스터를 이용하여 완성한 템플릿을 적용해 봅니다.

① 파워포인트(PowerPoint) 프로그램을 실행한 후 [파일] 탭-[열기]-[찾아보기]를 클릭하여 앞서 다운로드한 파일을 불러옵니다.

생자소 TIP

다운로드된 파일은 [Download] 폴더 내에 저장됩니다.

② 제목 슬라이드에 템플릿을 적용하기 위해 첫 번째 슬라이드를 선택한 후 제목 텍스트 상자와 부제목 텍스트 상자를 삭제합니다.

생자소 TIP

다운로드 받은 템플릿 파일은 개별 요소를 이미지화하여 다운로드 했기 때문에 텍스트 상자에 내용을 입력할 수 없습니다. 파워포인트 슬라이드 마스터에서 제공하는 텍스트 상자를 이용하기 위해 텍스트 상자는 삭제합니다.

③ Ctrl + A 키를 눌러 슬라이드의 모든 개체를 선택한 후 마우스 오른쪽 버튼을 클릭하여 [그룹화]-[그룹]을 클릭합니다.

④ 이어서 다시 슬라이드를 마우스 오른쪽 버튼으로 클릭한 후 [복사]를 클릭합니다.

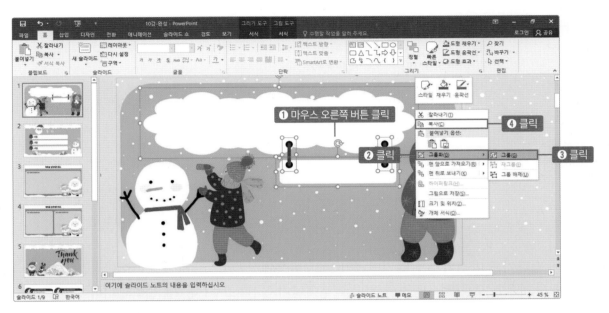

⑤ 슬라이드 마스터를 만들기 위해 [보기] 탭-[슬라이드 마스터(▤)]를 클릭합니다.

6 [슬라이드 마스터] 창이 나타나면 [슬라이드 마스터] 탭-[슬라이드 마스터 삽입(🖼)]을 클릭합니다.

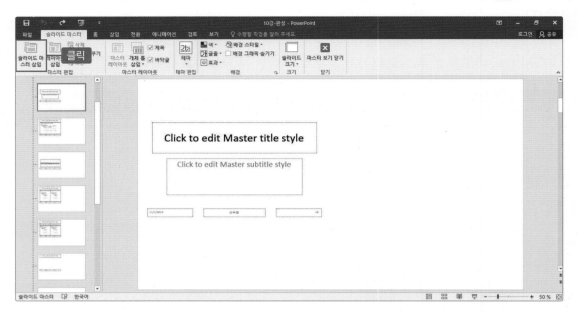

7 새로운 슬라이드 마스터가 삽입되면 슬라이드 목록에서 [제목 슬라이드 레이아웃]을 선택한 후 슬라이드에서 마우스 오른쪽 버튼을 클릭하여 [붙여넣기 옵션 : 그림(🖼)]을 클릭합니다.

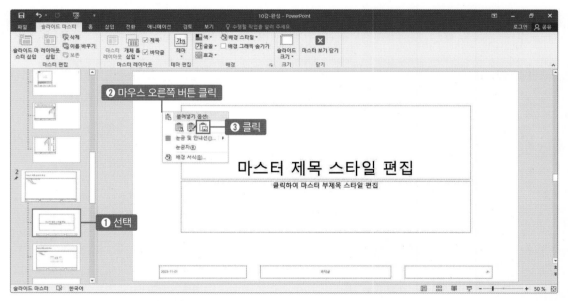

🐨 생자소 T I P

• 슬라이드 목록에 마우스 포인터를 가져다 대면 해당 슬라이드의 이름이 표시됩니다.
• **붙여넣기 옵션 :** ❹에서 복사한 이미지를 넣었을 때 이미지가 슬라이드의 범위를 벗어나지 않는다면 [붙여넣기 옵션 : 그림(🖼)]으로 붙여넣을 필요는 없습니다. [붙여넣기 옵션 : 그림(🖼)]을 클릭하여 복사한 이미지를 넣어야 [자르기] 옵션을 사용할 수 있습니다.

⑧ 슬라이드에 삽입된 템플릿을 선택한 후 [그림 서식] 탭-[자르기(◢)]를 클릭하여 슬라이드 범위 밖으로 벗어난 이미지를 잘라내고 이미지 크기를 슬라이드 크기에 맞게 변경합니다.

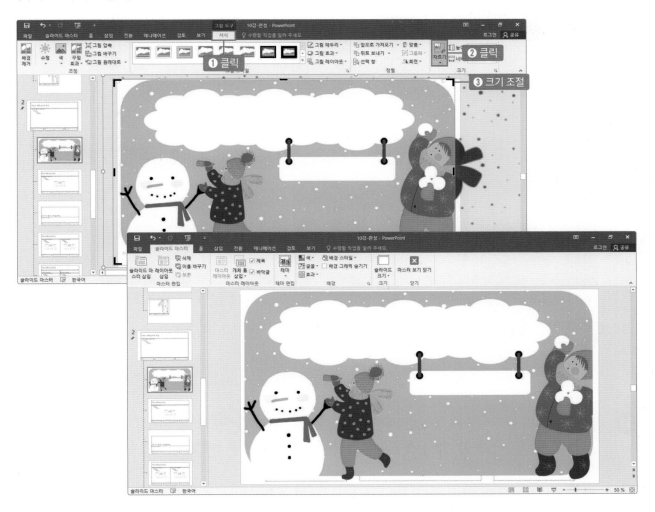

⑨ 슬라이드 마스터의 텍스트 상자가 보이도록 하기 위해 [홈] 탭-[정렬( )]-[맨 뒤로 보내기]를 클릭합니다.

생자소 **T I P**

슬라이드 마스터에서 적용한 배경, 이미지, 텍스트 등은 해당하는 모든 레이아웃에 적용됩니다.

⑩ 텍스트 상자의 순서가 템플릿 이미지 앞쪽으로 변경되면 제목 텍스트 상자와 부제목 텍스트 상자의 크기와 위치를 조절하고 [홈] 탭에서 글꼴 서식을 자유롭게 지정합니다.

슬라이드 하단의 날짜, 바닥글, 페이지 상자는 삭제해도 됩니다.

⑪ 모든 종류의 슬라이드에 동일한 배경색을 적용하기 위해 슬라이드 목록에서 [슬라이드 마스터] 슬라이드를 선택하고 슬라이드에서 마우스 오른쪽 버튼을 클릭한 후 [배경 서식]을 클릭합니다.

⑫ 화면에 [배경 서식] 창이 나타나면 [채우기]-[단색 채우기]에서 색상을 변경하고 [모두 적용]을 클릭합니다.

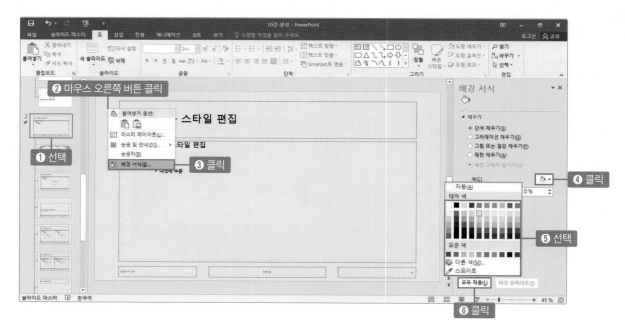

⑬ 제목 슬라이드에 슬라이드 마스터가 적용되었는지 확인하기 위해 [보기] 탭-[기본(▥)]을 클릭합니다.

⑭ 슬라이드가 나타나면 첫 번째 슬라이드의 개체를 전체 삭제한 후 [홈] 탭-[레이아웃(▤)]-[제목 슬라이드]를 클릭합니다.

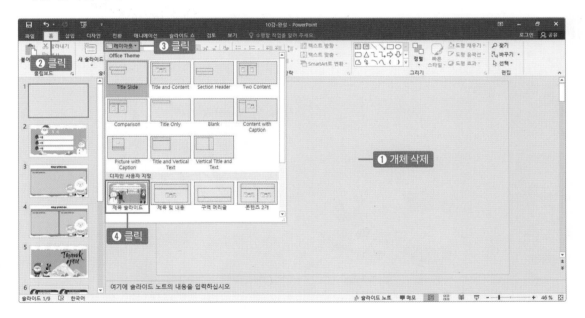

15 앞서 배운 내용을 참고하여 '목차 템플릿', '내용 템플릿'도 슬라이드 마스터('제목만', '제목 및 내용', '비교' 레이아웃)에 적용해 봅니다.

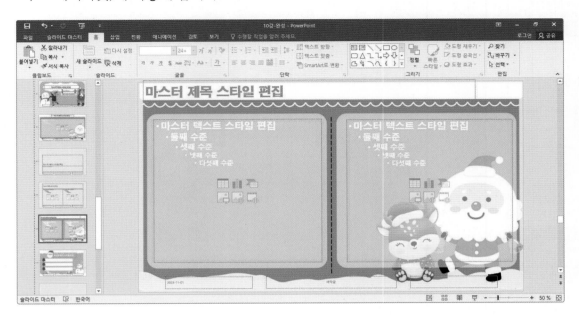

16 같은 방법으로 '인사 템플릿'도 슬라이드 마스터('빈 화면' 레이아웃)에 적용해 봅니다.

⑰ [제목 슬라이드 레이아웃]을 선택한 후 [삽입] 탭-[그림(🖼️)]을 클릭하여 [그림 삽입] 대화상자가 나타나면 이전 시간에 제작한 '로고' 이미지를 추가합니다.

⑱ [보기] 탭-[기본(🖥️)]을 클릭한 후 ⑭와 같은 방법으로 각각의 슬라이드에 슬라이드 레이아웃('제목만', '제목 및 내용', '비교', '빈 화면' 레이아웃)을 적용해 봅니다.

03 파워포인트 테마 만들기

슬라이드 마스터를 이용해 완성한 템플릿을 저장하고 테마로 적용해 봅니다.

① [파일] 탭-[다른 이름으로 저장]-[찾아보기]를 클릭하여 [다른 이름으로 저장] 대화상자가 나타나면 파일명을 입력하고 파일 형식을 'Office 테마'로 선택한 후 [저장]을 클릭합니다.

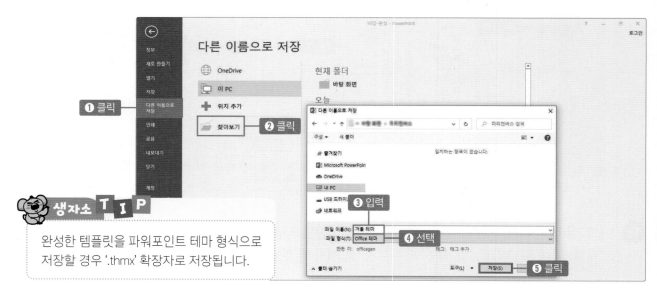

생자소 TIP

완성한 템플릿을 파워포인트 테마 형식으로 저장할 경우 '.thmx' 확장자로 저장됩니다.

② [파일] 탭-[새로 만들기]-[새 프레젠테이션]을 클릭하여 새로운 프레젠테이션을 실행한 후 [디자인] 탭-[테마]-[테마 찾아보기]를 클릭하여 [테마 또는 테마 문서 선택] 대화상자가 나타나면 앞서 저장한 테마 파일을 선택하고 [적용]을 클릭합니다.

뿜뿜! 생각 키우기

12 Chapter

▶ 예제 파일 : 없음 ▶ 완성 파일 : 12강-뿜뿜 완성.pptx

미션 1 [보기]-[슬라이드 마스터]를 클릭하여 슬라이드 마스터의 서식을 자유롭게 변경해 봅니다.

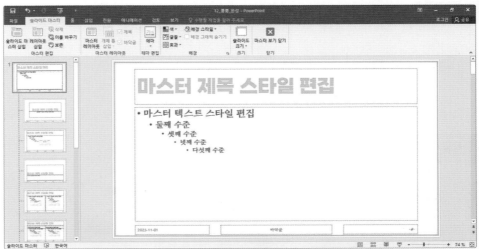

미션 2 도형을 이용하여 슬라이드 마스터를 꾸민 뒤 적용된 슬라이드를 확인해 봅니다.

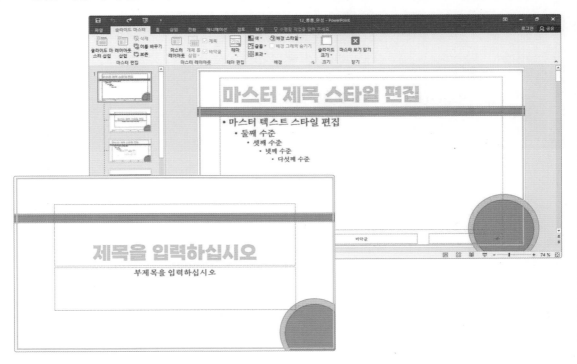

Chapter
13

▶ 예제 파일 : 13강-동영상.mp4 ▶ 완성 파일 : 13강-완성.mp4

고양이 동영상 편집하기

가지고 있던 고양이 동영상을 보던 해람이는 고민이 생겼어요. "고양이 동영상을 조금 더 귀엽게 바꿀 수 없을까?" 친구에게 고민을 털어놓은 해람이는 뜻밖의 대답을 듣게 됩니다. "미리캔버스에서 사진도 꾸며봤으니까 동영상도 한번 꾸며봐!" 해람이는 집으로 돌아가 컴퓨터를 켜고 생각했어요. '그래! 사진도 미리캔버스에서 꾸며봤으니까 동영상도 꾸며보자!'

🔍 학습목표

- 동영상의 재생 구간을 나눌 수 있습니다.
- 동영상의 불필요한 배경 소리를 제거할 수 있습니다.
- 동영상의 불투명도를 조절할 수 있습니다.
- 디자인 요소를 추가하여 동영상을 꾸밀 수 있습니다.

01 동영상 업로드하기

미리캔버스에 외부 동영상 파일을 업로드해 봅니다.

① 크롬(●) 브라우저를 실행하고 미리캔버스(https://www.miricanvas.com/) 홈페이지에 접속한 후 [로그인하기]를 클릭하여 로그인합니다.

② [디자인 만들기]-[유튜브(▶)]-[채널 아트]를 클릭합니다.

③ [업로드(⬆)]-[업로드]를 클릭하여 [열기] 대화상자가 나타나면 '13강-동영상.mp4' 파일을 선택한 후 [열기]를 클릭합니다.

생자소 **TIP**

동영상의 용량이 50MB 미만이어야만 업로드가 됩니다.

02 동영상 재생 구간 나누기

업로드한 동영상을 편집하여 재생될 구간을 나눠 봅니다.

① 업로드된 동영상을 클릭하여 페이지에 추가한 후 '조절점(⬤)'을 드래그하여 동영상의 크기를 페이지 크기에 맞춥니다.

② [속성] 창-[재생 구간]에서 '바(❙)'를 움직여 동영상의 '시작' 부분과 '끝' 부분을 설정합니다.

생자소 TIP

영상을 재생하면 설정된 재생 구간만 실행됩니다.

03 불필요한 배경 소리 제거하기

동영상에 불필요한 소리가 삽입되어 있을 경우 볼륨을 조절하여 제거해 봅니다.

① [속성] 창-[볼륨]-[스피커(🔊)]를 클릭하여 볼륨을 제거합니다.

생자소 **TIP**

- [볼륨]의 크기가 '0'이면 음소거(🔇) 모양이 됩니다.
- [볼륨]의 크기를 조절하려면 볼륨 조절바를 드래그합니다.

04 동영상의 불투명도 조절하기

동영상의 불투명도 값을 조절하여 동영상을 흐리거나 진하게 만들어 봅니다.

① 동영상의 불투명도를 설정하기 위해 [속성] 창에서 불투명도를 조절합니다.

생자소 TIP

• 불투명도 값이 작아질수록 동영상이 흐려지고, 커질수록 동영상이 선명해집니다.
• [속성] 창-[더보기]-[배경으로 만들기]를 클릭하면 동영상을 배경으로 설정할 수 있습니다.

05 동영상 완성하고 저장하기

요소에서 동영상과 어울리는 그림을 찾아 동영상을 꾸미고 완성된 동영상을 저장해 봅니다.

1 [요소(🎨)]를 클릭하여 동영상과 어울리는 디자인 요소들을 찾아 동영상을 꾸며 봅니다.

2 [다운로드]-[동영상]-[MP4]를 선택한 후 [다운로드]를 클릭합니다.

무료 버전에서는 하루에 최대 7번까지 동영상을 다운로드할 수 있습니다.

③ 다운로드 받은 동영상을 실행하여 설정한 값들이 제대로 적용되었는지 확인합니다.

생자소 TIP

[동영상(▶)]을 클릭하면 미리캔버스에서 제공하는 다양한 동영상들을 활용할 수 있습니다.

Chapter 13

뿜뿜! 생각 키우기

▶ 예제 파일 : 없음 ▶ 완성 파일 : 13강-뿜뿜 완성.mp4

미션 **1** [동영상(▶)]에서 원하는 동영상을 추가한 후 배경 소리를 제거해 봅니다.

미션 **2** 디자인 요소를 이용하여 동영상을 꾸민 후 MP4 파일로 저장해 봅니다.

Chapter 14

▶ 예제 파일 : 14강-동영상.mp4 ▶ 완성 파일 : 14강-완성.mp4

자막으로 동영상 꾸미기

고양이 동영상을 잘 만들고 싶은 해람이는 다른 사람이 편집한 영상을 보는 도중
자막이 있다는 사실을 깨달았어요.
'자막이 있으니까 훨씬 보기 편하고 좋구나. 우와! 자막 모양도 되게 예쁘다!'
해람이는 자막을 넣어 동영상을 만들기 시작했어요.

침대로 뛰어 올라와요.

🔍 학습목표

● 동영상을 미리캔버스에 업로드할 수 있습니다.
● 동영상에 자막을 추가할 수 있습니다.
● 자막의 크기를 조절하고 요소를 활용하여 꾸밀 수 있습니다.
● 동영상을 분할하여 구간을 나누고 각 구간마다 자막을 설정할 수 있습니다.

동영상 업로드하기

미리캔버스에 외부 동영상 파일을 업로드해 봅니다.

① 크롬(◎) 브라우저를 실행하고 미리캔버스(https://www.miricanvas.com/) 홈페이지에 접속한 후 [로그인하기]를 클릭하여 로그인합니다.

② [디자인 만들기]-[유튜브(▶)]-[채널 아트]를 클릭합니다.

③ [업로드(⬆)]-[업로드]를 클릭하여 [열기] 대화상자가 나타나면 '14강-동영상.mp4' 파일을 선택한 후 [열기]를 클릭합니다.

④ 업로드된 동영상을 클릭하고 '조절점(◯)'을 드래그하여 동영상의 크기를 페이지 크기에 맞춥니다.

02 동영상에 자막 추가하기

동영상에 자막을 추가하여 크기를 조절하고 꾸며 봅니다.

1 동영상에 자막을 추가하기 위해 [텍스트(**Tт**)]-[자막]-[더보기]를 클릭합니다.

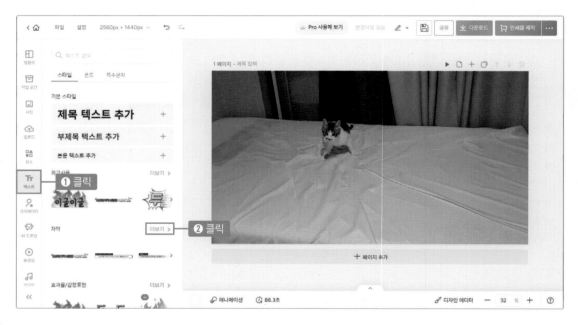

2 마음에 드는 자막을 선택하여 동영상 하단에 추가하고 '조절점(○)'을 드래그하여 자막의 크기를 자유롭게 조절합니다.

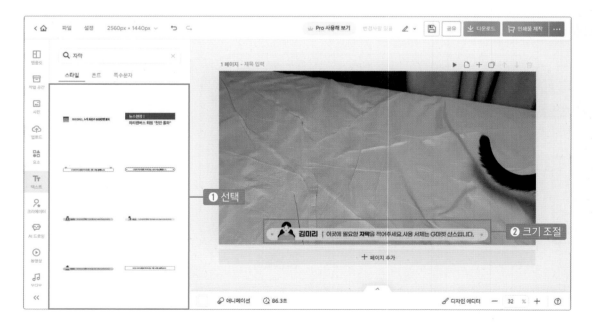

③ 자막을 꾸미기 위해 자막을 마우스 오른쪽 버튼으로 클릭하고 [그룹해제]를 클릭합니다.

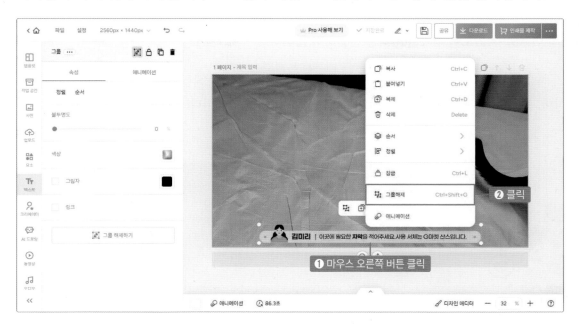

④ 이어서 불필요한 디자인 요소와 텍스트는 삭제하고, [요소( )]에서 원하는 디자인 요소를 선택하여 자막을 꾸밉니다.

생자소 **TIP**

13강과 같은 방법으로 다양한 디자인 요소를 사용하여 동영상을 꾸며 봅니다. 단, 자막을 수정할 수 있도록 자막의 순서는 맨 앞으로 설정합니다.

동영상 자막 편집하기

동영상과 어울릴 수 있도록 추가한 자막을 편집하여 봅니다.

① 동영상에 자막을 추가하기 위해 [디자인 에디터(✎)]를 클릭합니다.

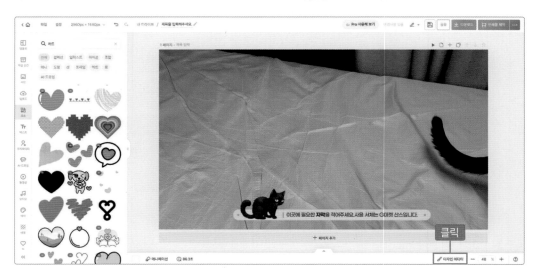

② [디자인 에디터(✎)]가 [동영상 에디터(⊙)]로 변경된 것을 확인한 후 자막에 있는 텍스트 상자를 선택한 다음 [속성] 창-[자막으로 만들기]를 클릭합니다.

③ 동영상의 내용과 어울리는 자막을 텍스트 상자에 입력하고 재생합니다.

④ 새로운 자막을 넣고 싶은 장면에서 [일시 정지(⏸)] 버튼을 클릭하여 동영상을 멈춥니다. 그리고 '재생 바'가 멈추면 마우스 오른쪽 버튼을 클릭하고 [페이지 분할(✂)]을 클릭합니다.

생자소 TIP

- 페이지 하단에 있는 [페이지 분할(✂)]을 클릭해도 됩니다.
- [재생] 버튼은 타임라인 하단의 '스크롤 바'를 왼쪽으로 드래그하면 보입니다.

- Space Bar 키를 눌러도 동영상이 재생되거나 정지됩니다.

⑤ 다시 동영상과 어울리는 자막을 텍스트 상자에 입력합니다.

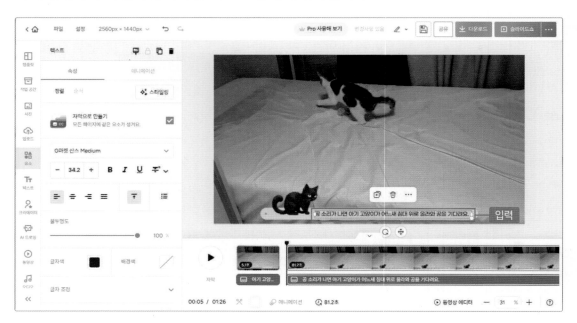

⑥ ④~⑤와 같은 방법으로 동영상을 분할하고 자막을 추가하여 동영상을 완성해 봅니다.

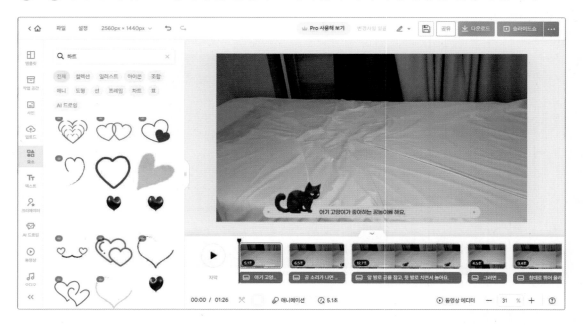

⑦ 동영상이 완성되면 [다운로드]-[동영상]-[MP4]를 선택한 후 [다운로드]를 클릭합니다.

⑧ 저장된 동영상을 실행하여 자막이 제대로 적용됐는지 확인합니다.

뿜뿜! 생각 키우기

예제 파일 : 14강-뿜뿜.mp4 완성 파일 : 14강-뿜뿜 완성.mp4

미션 1 '14강-뿜뿜.mp4' 예제 파일을 업로드한 후 다양한 디자인 요소들을 사용하여 브이로그 동영상을 꾸며 봅니다.

미션 2 브이로그 동영상에 어울리는 자막을 추가해 봅니다.

나를 소개하는 쇼츠 동영상!

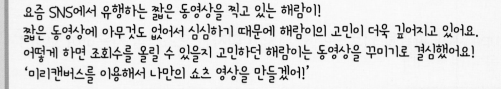

요즘 SNS에서 유행하는 짧은 동영상을 찍고 있는 해람이!
짧은 동영상에 아무것도 없어서 심심하기 때문에 해람이의 고민이 더욱 깊어지고 있어요.
어떻게 하면 조회수를 올릴 수 있을지 고민하던 해람이는 동영상을 꾸미기로 결심했어요!
'미리캔버스를 이용해서 나만의 쇼츠 영상을 만들겠어!'

🔍 학습목표

● 쇼츠 페이지를 만들 수 있습니다.
● 미리캔버스에서 제공하는 동영상을 배경으로 사용할 수 있습니다.
● 동영상을 분할하여 여러 개의 장면을 만들 수 있습니다.
● 구간마다 다른 요소와 텍스트를 추가하여 장면 전환 효과를 적용할 수 있습니다.

01 쇼츠 페이지 만들기

쇼츠 동영상을 만들기 위한 디자인 페이지를 불러와 봅니다.

① 크롬(⊙) 브라우저를 실행하고 미리캔버스(https://www.miricanvas.com/) 홈페이지에 접속한 후 [로그 인하기]를 클릭하여 로그인합니다.

② [디자인 만들기]-[동영상]-[유튜브(▶)]-[쇼츠]를 클릭합니다.

생자소 **T I P**

검색 창에서 '쇼츠'를 검색해도 됩니다.

③ [동영상(⊙)]-[백그라운드]-[더보기]를 클릭하여 배경으로 사용할 동영상을 선택합니다.

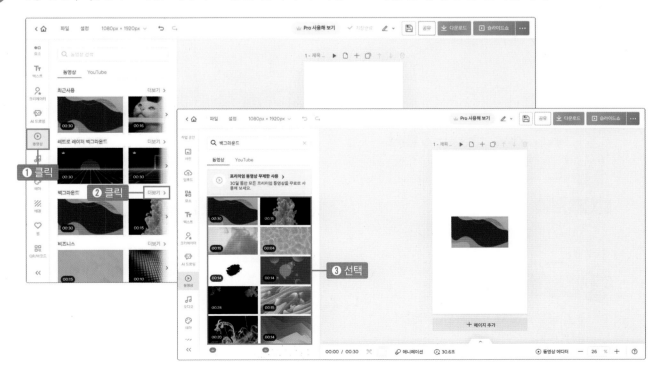

02 동영상을 배경으로 설정하고 텍스트 삽입하기

추가한 동영상을 배경으로 설정하고 텍스트를 입력할 수 있습니다.

1 페이지에 추가된 동영상을 선택하고 마우스 오른쪽 버튼을 클릭한 다음 [배경으로 만들기]를 클릭합니다.

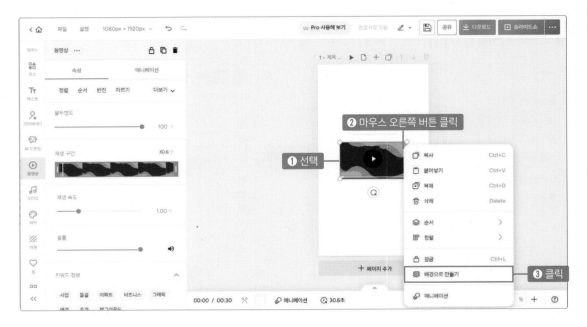

2 [텍스트(T)]-[기본 스타일]에서 마음에 드는 텍스트를 선택하여 텍스트 상자를 추가한 후 나를 소개하는 문구를 입력합니다.

> **생자소 TIP**
>
> 글꼴, 글자색, 글자 크기 등은 자유롭게 설정합니다.

03 **각 구간마다 다른 요소와 텍스트 넣기**

페이지 분할 기능을 이용하여 구간을 나누고 각 구간마다 서로 다른 요소와 텍스트를 삽입해 봅니다.

① [재생(▶)] 버튼을 클릭하고 다음 자막이 나타날 위치에서 [일시 정지(❚❚)] 버튼을 클릭하여 동영상을 멈춘 뒤 마우스 오른쪽 버튼을 클릭한 다음 [페이지 분할(✂)]을 클릭합니다.

이번 시간에는 장면마다 다른 스타일로 텍스트를 입력하기 위해 [텍스트(Tᴛ)]-[자막으로 만들기]를 클릭하지 않습니다.

② 이어서 [텍스트(Tᴛ)]-[부제목 텍스트 추가]를 클릭하고 텍스트 상자를 추가한 다음 표현하고 싶은 문구를 입력합니다.

각 장면마다 이전과 다른 텍스트 혹은 디자인 요소를 삽입하여 장면 전환 효과를 적용할 수 있습니다.

3 디자인 요소와 텍스트 상자를 추가하여 동영상을 꾸밉니다.

4 다음 자막이 나타날 위치에서 [일시 정지(॥)] 버튼을 클릭하여 동영상을 멈춘 뒤 마우스 오른쪽 버튼을 클릭하여 [페이지 분할(✂)]을 클릭합니다.

생자소 **TIP**

페이지를 분할한 후 추가한 텍스트나 디자인 요소는 이전 페이지에 적용되지 않습니다.

⑤ 페이지가 분할되면 이전에 있었던 텍스트와 디자인 요소를 제거하고, ①~④와 같은 방법으로 새로운 자막과 디자인 요소를 추가합니다.

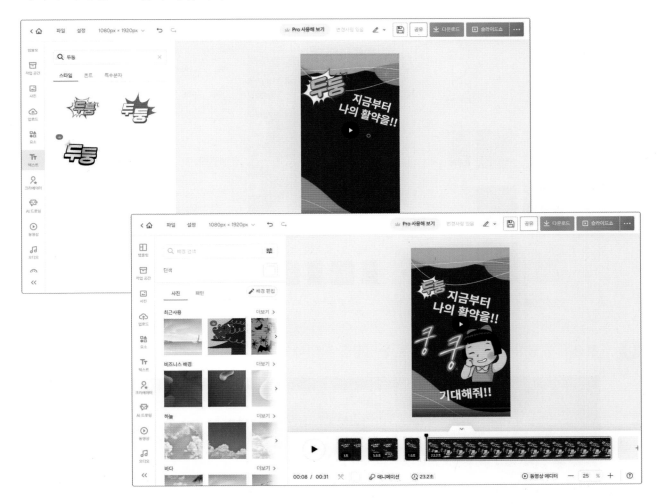

⑥ 동영상을 완성한 후 나머지 구간을 마우스 오른쪽 버튼으로 클릭하고 [페이지 삭제(🗑)]를 클릭하여 삭제합니다.

생자소 **TIP**

Delete 키를 눌러 동영상을 삭제할 수 있습니다.

⑦ 동영상이 완성되면 [다운로드]-[동영상]-[MP4]를 클릭하고 [다운로드]를 클릭하여 동영상을 저장합니다.

⑧ 저장된 동영상을 실행하여 완성된 동영상을 확인해 봅니다.

뿜뿜! 생각 키우기

▶ 예제 파일 : 없음 ▶ 완성 파일 : 15강-뿜뿜 완성1.mp4, 15강-뿜뿜 완성2.mp4

미션 **1** [동영상(▶)]에서 '강아지'를 검색하여 움직이는 사진 액자를 완성해 봅니다.

미션 **2** 동화 속 주인공인 어린왕자에게 동영상 편지를 보내봅니다.

▶ 예제 파일 : 없음 ▶ 완성 파일 : 16강-완성1.gif, 16강-완성2.gif

이글이글! 살아있는 글자!

친구의 SNS 계정을 탐방 중인 해람이는 신기한 걸 발견했어요.
"너가 만든 이미지는 글자들이 움직이는데 어떻게 한 거야?"
"gif 파일을 사용하면 돼. 그러면 너도 나처럼 글자나 그림들을 움직일 수 있어."
친구의 말을 들은 해람이는 미리캔버스로 살아있는 글자를 만들기 시작했어요.

🔍 학습목표

● 텍스트와 요소에 애니메이션 효과를 적용할 수 있습니다.
● 페이지를 분할하고 불필요한 페이지를 삭제할 수 있습니다.
● 페이지를 복제하여 애니메이션 효과가 반복되는 모습을 표현할 수 있습니다.
● 완성된 페이지를 움직이는 파일인 GIF로 저장할 수 있습니다.

01 움직이는 텍스트 만들기

애니메이션 효과를 적용하여 움직이는 텍스트를 만들어 봅니다.

① 크롬(⬤) 브라우저를 실행하고 미리캔버스(https://www.miricanvas.com/) 홈페이지에 접속한 후 [로그인하기]를 클릭하여 로그인합니다.

② [디자인 만들기]-[카드뉴스(🔲)]를 클릭합니다.

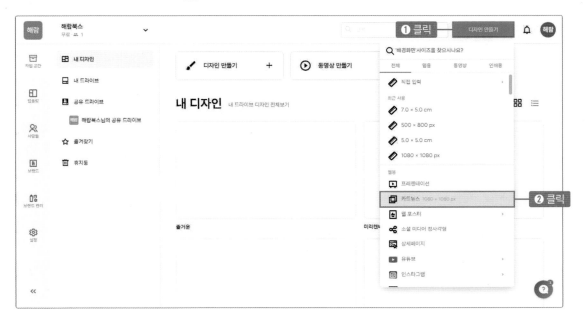

③ [텍스트(Tт)]-[효과음/감정표현]-[더보기]를 클릭합니다.

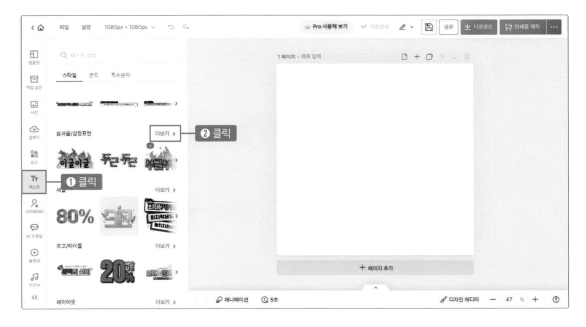

④ [텍스트(**Tt**)]에서 마음에 드는 글자를 선택하여 페이지에 추가합니다.

⑤ 텍스트와 요소에 애니메이션 효과를 적용하기 위해 추가된 텍스트를 클릭하고 마우스 오른쪽 버튼을 클릭하여 [그룹해제]를 클릭합니다. 이어서 텍스트 상자를 클릭한 후 [애니메이션]을 클릭한 다음 [흔들리기(**Aa**)]를 선택합니다.

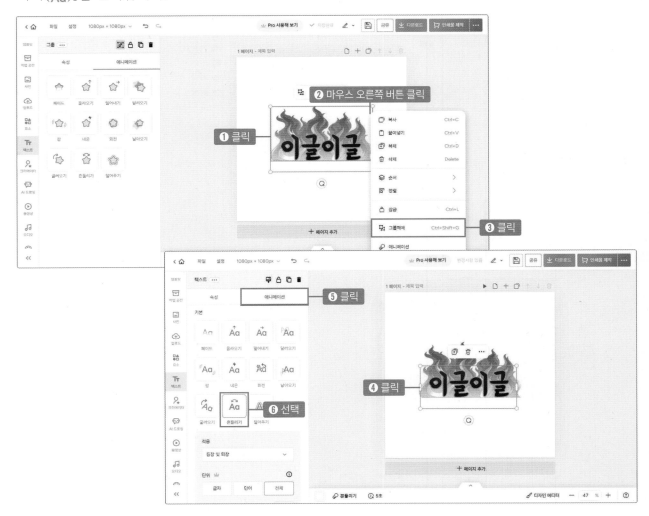

⑥ '불' 디자인 요소를 선택하고 [애니메이션]을 클릭한 후 [흔들리기(✦)]를 선택합니다.

⑦ 불이 활활 타는 느낌을 표현하기 위해 '불' 디자인 요소를 선택하고 마우스 오른쪽 버튼을 클릭한 후 [복제]를 클릭합니다. 이어서 '회전 조절점(◉)'을 드래그하여 '불' 요소를 기울이고 각각 좌, 우로 위치를 변경합니다.

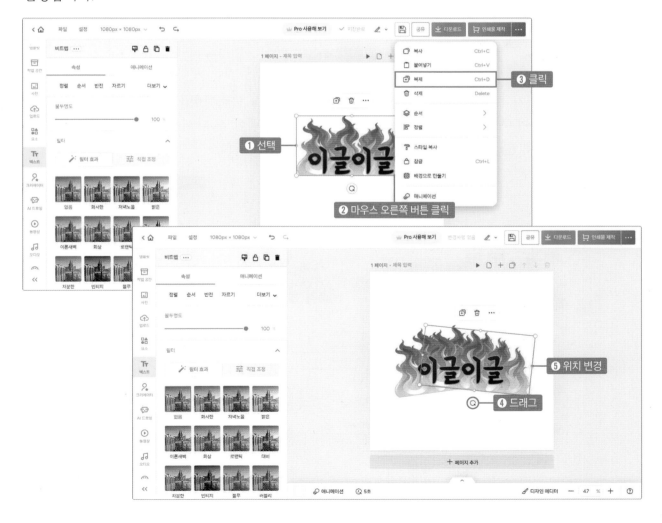

02 페이지 복제하기

애니메이션 효과가 적용된 페이지를 분할하고 복제해 봅니다.

1 [디자인 에디터(✎)]를 클릭하여 [동영상 에디터(▶)]로 변경하고 [재생(▶)] 버튼을 클릭합니다. 그리고 [애니메이션] 동작이 끝나는 장면에서 [Space Bar] 키를 눌러 일시 정지하고 [페이지 분할(✂)]을 클릭하여 페이지를 나눕니다.

2 분할된 페이지 중 뒤쪽의 페이지는 마우스 오른쪽 버튼을 클릭하여 [페이지 삭제(🗑)]를 클릭합니다. 애니메이션이 여러 번 작동하도록 앞 쪽의 페이지를 선택한 후 다시 마우스 오른쪽 버튼을 클릭하여 [페이지 복제(🗐)]를 클릭합니다.

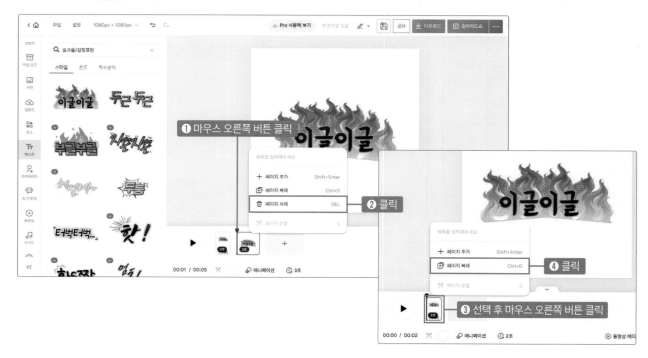

③ ②와 같은 방법으로 페이지를 복제한 후 [다운로드]-[동영상]-[GIF]를 클릭하고 [다운로드]를 클릭하여 [애니메이션] 효과가 적용된 글자를 다운로드 합니다.

④ 앞서 배운 내용을 참고하여 다양한 주제의 [애니메이션] 효과가 적용된 글자를 완성해 봅니다.

뿜뿜! 생각 키우기

Chapter **16**

▶ 예제 파일 : 없음 ▶ 완성 파일 : 16강-뿜뿜 완성1.gif, 16강-뿜뿜 완성2.gif

미션 **1** 글자가 하나씩 나타날 수 있도록 페이지를 분할하고 [타자기] 애니메이션을 적용해 봅니다.

나와라, 힌트! ● [요소]-[애니]에서 '하트'를 검색해 봅니다.

미션 **2** 디자인 요소가 나타난 후 글자가 나타나도록 페이지를 나누고 애니메이션 효과를 적용해 봅니다.

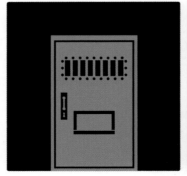
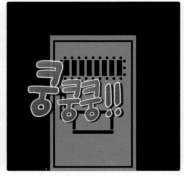

Chapter 17

▶ 예제 파일 : 없음 ▶ 완성 파일 : 17강-완성.mp4

홍보 동영상 만들기

"구독과 좋아요! 알림설정까지 부탁드려요~!"
오늘도 즐겁게 유튜브를 보고 있는 해람이는 크리에이터들의 홍보 멘트를 듣고 있어요.
'이 사람은 이런식으로 만들었구나. 이렇게 바꿔봐도 좋을 거 같은데?'
해람이는 다양한 요소들과 배경음악으로 멋진 홍보 영상을 만들기로 결심했어요.

학습목표

- 동영상을 추가하고 배경으로 설정할 수 있습니다.
- 디자인 요소에 애니메이션 효과를 적용할 수 있습니다.
- 동영상에 배경음을 추가할 수 있습니다.
- 페이지가 전환될 때마다 효과음을 적용할 수 있습니다.

01 요소에 애니메이션 효과 적용하기

쇼츠 페이지를 만들고 요소를 삽입하여 애니메이션 효과를 적용시켜 봅니다.

① 크롬(●) 브라우저를 실행하고 미리캔버스(https://www.miricanvas.com/) 홈페이지에 접속한 후 [로그 인하기]를 클릭하여 로그인합니다.

② [디자인 만들기]-[동영상]-[유튜브(▶)]-[쇼츠]를 클릭합니다.

③ [동영상(●)]-[백그라운드]-[더보기]를 클릭하고 마음에 드는 동영상을 찾아 선택합니다. 이어서 삽입된 동영상을 클릭하고 마우스 오른쪽 버튼을 클릭한 다음 [배경으로 만들기]를 클릭합니다.

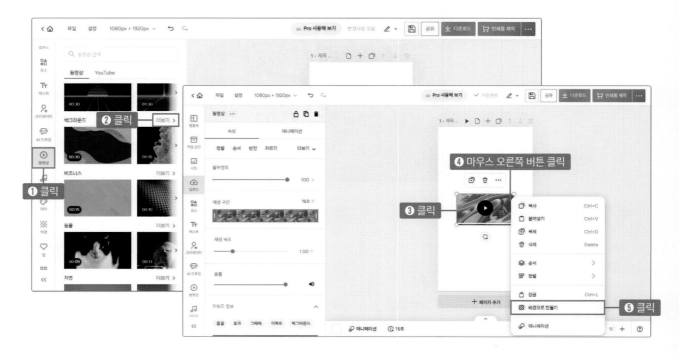

④ [요소(🔳)]를 클릭하고 검색창에 '구독'을 검색하여 마음에 드는 디자인 요소를 선택한 후 위치와 크기를 자유롭게 조절합니다.

⑤ [Ctrl] 키를 누른채 페이지에 추가된 디자인 요소를 각각 클릭한 후 [애니메이션]-[팝(⭐)]을 클릭하여 요소에 애니메이션 효과를 적용합니다.

생자소 **T I P**

• 애니메이션의 종류는 자유롭게 설정해도 좋습니다.
• 무료 버전에서는 요소가 등장할 때, 퇴장할 때 애니메이션 효과를 각각 적용할 수 없습니다.

6 [디자인 에디터(✏)]를 클릭하여 [동영상 에디터(▶)]로 변경하고 [재생(▶)] 버튼을 클릭합니다. 애니메이션 효과가 끝나는 구간에서 [일시 정지(⏸)] 버튼을 클릭하여 동영상을 멈춘 뒤 [페이지 분할(✂)]을 클릭하여 구간을 나누고 첫 번째 동영상을 선택한 다음 [페이지 재생 시간(🕐)]을 '1.5'로 입력합니다.

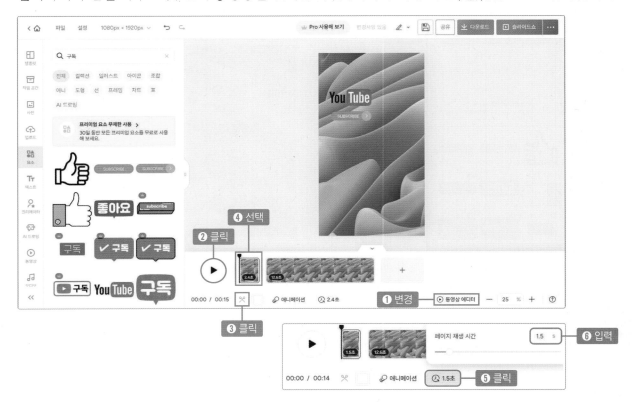

7 두 번째 페이지를 선택하고 Ctrl + A 키를 눌러 모든 디자인 요소를 선택합니다. 그리고 [애니메이션]-[애니메이션 제거]를 클릭합니다.

생자소 TIP

애니메이션을 제거할 땐 반드시 적용할 페이지를 선택하고 작업해야 합니다.

8 두 번째 페이지에 필요한 디자인 요소와 텍스트를 추가하고 애니메이션 효과를 적용합니다.

9 **4**~**8**과 같은 방법으로 페이지를 분할하고 디자인 요소와 텍스트를 추가한 후 애니메이션 효과를 적용하여 각각의 페이지를 꾸며 봅니다.

02 배경음과 효과음 삽입하기

미리캔버스의 오디오 기능을 이용하여 동영상에 배경음과 효과음을 적용해 봅니다.

① 배경음을 설정하기 위해 첫 번째 페이지를 선택합니다. 이어서 [오디오(🎵)]-[배경음]에서 음악을 들어
본 후 마음에 드는 음악을 선택합니다.

② [동영상 에디터(⊙)]에 추가된 배경음을 선택한 후 [속성] 창에서 [볼륨]과 [서서히 크게], [서서히 작게]
속성을 자유롭게 변경합니다.

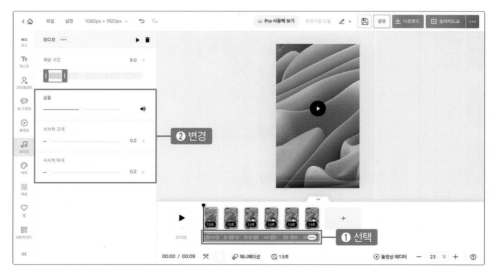

생자소 TIP

배경음의 길이는 [동영상 에디터(⊙)]에서 드래그하여 수정할 수 있습니다.

③ 페이지가 전환될 때마다 효과음을 적용하기 위해 첫 번째 페이지를 선택한 후 [오디오(♫)]-[효과음]
에서 마음에 드는 효과음을 찾아 클릭하고 길이를 조절합니다.

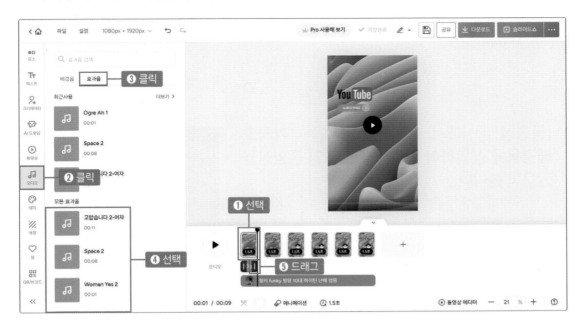

④ 모든 페이지에 효과음을 적용한 후 [재생(▶)] 버튼을 클릭하여 동영상을 확인하고 [다운로드]-[동영
상]-[MP4]-[다운로드]를 클릭하여 완성한 동영상을 저장합니다.

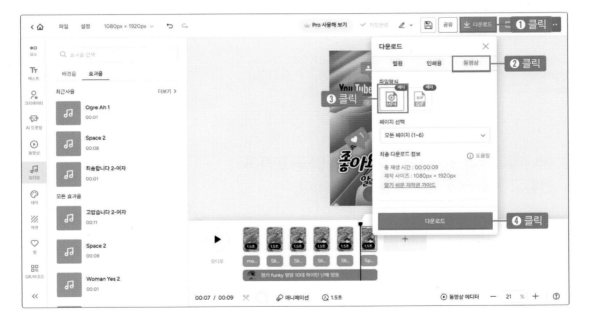

⑤ 저장된 동영상을 실행하여 페이지 분할, 배경음, 효과음, 애니메이션 효과가 제대로 적용되었는지 확인
합니다.

뿜뿜! 생각 키우기

▶ 예제 파일 : 없음   ▶ 완성 파일 : 17강-뿜뿜 완성1.mp4, 17강-뿜뿜 완성2.mp4

미션 1 [동영상(▶)]에서 고양이 동영상을 추가하고 배경음을 삽입하여 반려동물 캠페인 동영상을 만들어 봅니다.

나와라, 힌트! ► 디자인 요소, 도형, 텍스트 등을 이용하여 동영상을 자유롭게 꾸며 봅니다.

미션 2 애니메이션과 효과음을 사용하여 얼굴 표정이 변하고 말하는 동영상을 만들어 봅니다.

나와라, 힌트! ► [요소(🎨)]-[애니]에서 '표정'을 검색하여 페이지에 추가해 봅니다.

Chapter 18

▶ 예제 파일 : 없음 ▶ 완성 파일 : 18강-완성.ppsx

좋아하는 동영상 모으기

수업이 끝난 쉬는 시간에 해람이는 유튜브에서 좋아하는 동영상을 골라 보고 있었어요. '보고 싶을 때마다 일일이 검색하는게 너무 귀찮아. 좀 더 편한 방법이 없을까?' 그 때 컴퓨터를 잘하는 친구가 옆에서 도움을 주었어요. "파워포인트에 유튜브 동영상들을 가져와서 저장해봐! 온라인 비디오 기능을 이용하면 돼!" 해람이는 학교가 끝나고 집으로 가서 파워포인트로 동영상들을 모으기 시작했어요.

핑크퐁 (아기상어 인기 동요 모음)

마샤와 곰 (으스스한 방)

뽀로로 (우리 함께 놀아요)

타요 (할로윈 동요-사탕 주세요)

🔍 학습목표

- 유튜브 동영상의 주소를 복사하여 메모장에 붙여 넣을 수 있습니다.
- 파워포인트에 유튜브 동영상을 추가할 수 있습니다.
- 하이퍼링크를 이용하여 텍스트 상자에 동영상 주소를 연결할 수 있습니다.
- 완성된 슬라이드를 PowerPonit 쇼 파일로 저장하여 언제든지 유튜브 동영상을 감상할 수 있습니다.

동영상 주소 기록하기

유튜브 채널에서 마음에 드는 동영상을 찾아 메모장에 동영상 주소를 기록해 봅니다.

1 크롬() 브라우저를 실행하고 유튜브(https://www.youtube.com) 홈페이지에 접속합니다.

2 유튜브에서 좋아하는 동영상을 찾아 클릭하고 주소창에 있는 주소를 클릭하여 주소 전체가 드래그되면 마우스 오른쪽 버튼을 클릭한 다음 동영상의 주소를 복사합니다.

🐨 **생자소 TIP**

키보드에서 Ctrl + C 키를 눌러 복사해도 됩니다.

3 [윈도우(⊞)]-[Windows 보조프로그램]-[메모장(📋)]을 실행한 후 키보드에서 Ctrl + V 키를 눌러 복사한 동영상의 주소를 메모장에 붙여넣습니다.

4 **2**~**3**과 같은 방법으로 즐겨찾기 할 여러 개의 동영상 주소를 메모장에 붙여넣어 봅니다.

- 미리캔버스에서 완성한 동영상을 MP4 파일로 다운로드 받습니다.
- 무료 버전에서 하루에 다운로드 받을 수 있는 횟수는 7회입니다.
- [삽입] 탭-[미디어]-[비디오(🎞)]-[내 PC의 비디오(🎞)]를 선택합니다. 이어서 [비디오 삽입] 대화상자가 나타나면 기존에 미리캔버스에서 만들었던 동영상을 선택한 후 [삽입]을 클릭합니다.

- 동영상이 추가되면 위치와 크기를 조절합니다.
- 한 슬라이드에 여러 개의 동영상을 볼 수 있도록 다른 동영상도 추가합니다.
- [슬라이드 쇼] 탭-[처음부터(🎬)]를 클릭하고 동영상을 감상합니다.

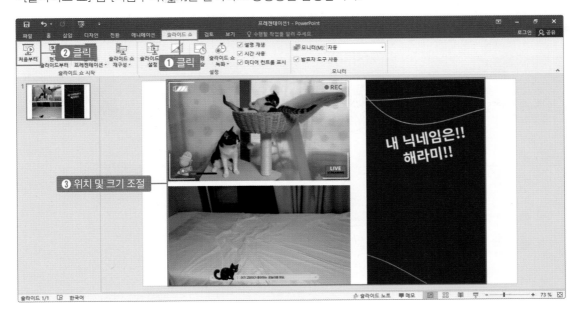

02 즐겨찾기 페이지 만들기

파워포인트를 이용하여 즐겨찾기 페이지를 완성해 봅니다.

① 파워포인트(PowerPoint) 프로그램을 실행한 후 슬라이드 화면에서 마우스 오른쪽 버튼을 클릭하고 [레이아웃(▤)]-[빈 화면]을 클릭합니다.

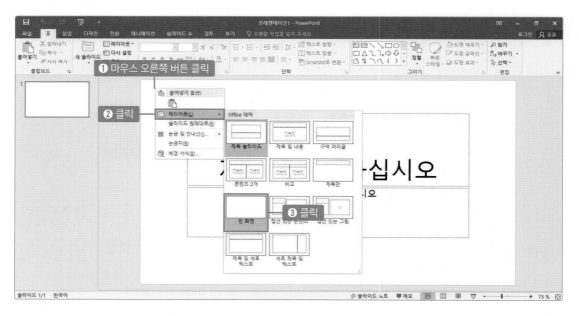

② [삽입] 탭-[비디오(▭)]-[온라인 비디오(▣)]를 클릭하여 [비디오 삽입] 대화상자가 열리면 메모장에 기록해둔 주소를 하나 복사한 다음 'YouTube 검색' 칸에 붙여넣고 Enter 키를 누릅니다.

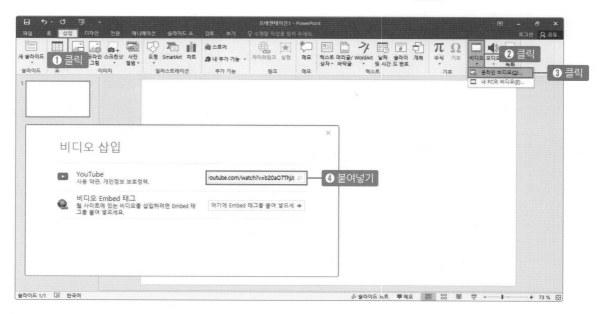

③ 이어서 검색된 영상을 선택한 후 [삽입]을 클릭합니다.

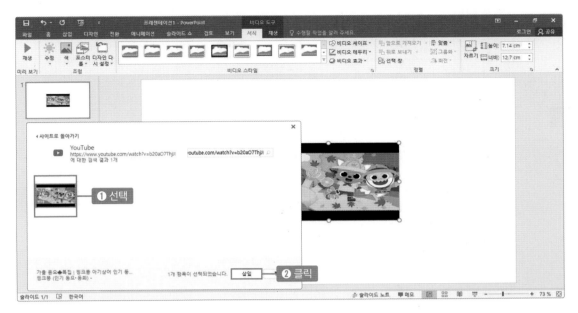

④ 동영상 제목을 입력하기 위해 추가된 유튜브 동영상의 위치와 크기를 조절한 후 [삽입] 탭-[도형(⬡)]에서 '직사각형' 도형을 선택하여 유튜브 영상 아래 직사각형을 추가합니다.

5 '직사각형' 도형을 마우스 오른쪽 버튼으로 클릭하고 [텍스트 편집]을 클릭하여 '직사각형' 도형에 동영상의 제목을 입력합니다. 그리고 [서식] 탭에서 도형 스타일과 WordArt 스타일을 자유롭게 변경해 봅니다.

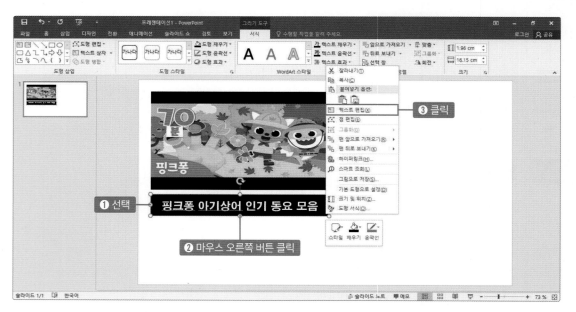

생자소 **T I P**

'직사각형' 도형을 꾸밀 때 [도형 스타일]을 활용하면 간단하게 도형 서식을 변경할 수 있습니다.

6 제목에 동영상의 링크를 적용하기 위해 추가된 '직사각형' 도형을 선택한 후 [삽입] 탭-[하이퍼링크(🌐)]를 클릭합니다.

7 [하이퍼링크 삽입] 대화상자가 나타나면 앞서 복사한 동영상의 주소를 주소창에 붙여넣고 [확인]을 클릭합니다.

03 슬라이드 쇼로 유튜브 영상 시청하기

슬라이드 쇼를 실행하고 동영상을 재생해 봅니다.

1 [슬라이드 쇼] 탭-[처음부터(⟐)]를 클릭하여 슬라이드 쇼를 실행합니다.

F5 키를 눌러서 슬라이드 쇼를 실행해도 됩니다.

2 슬라이드 쇼에서 동영상을 클릭하여 유튜브 동영상을 재생시켜 봅니다.

③ 이전에 배웠던 방법을 사용하여 나머지 동영상들도 슬라이드에 추가한 후 하이퍼링크를 이용하여 제목에 동영상 주소를 연결해 봅니다.

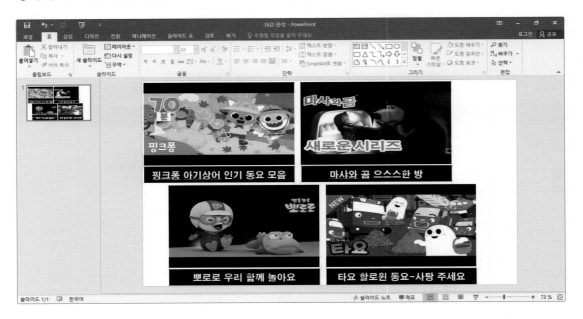

④ 완성된 파일을 저장하기 위해 [파일] 탭-[다른이름으로 저장]-[찾아보기]를 클릭하여 [다른 이름으로 저장] 대화상자가 나타나면 파일 이름을 입력한 후 파일 형식을 'PowerPoint 쇼'로 선택하고, [저장]을 클릭합니다.

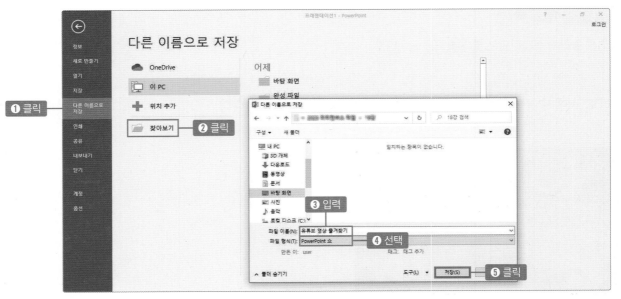

🐨 **생자소 TIP**

- 'ppsx' 파일을 클릭하면 슬라이드 쇼가 바로 실행됩니다.
- 만약 'ppsx' 파일을 수정하고 싶으면 파워포인트를 실행하여 확장자가 'ppsx'인 파일을 열고 수정해야 합니다.

뿜뿜! 생각 키우기

▶ 예제 파일 : 없음 ▶ 완성 파일 : 18강-뿜뿜 완성.pptx

미션 **1** 미리캔버스를 사용하여 즐겨 찾는 사이트의 아이콘이 모여 있는 페이지를 만들어 [PPT]로 저장해 봅니다.

미션 **2** 파워포인트를 열고 미리캔버스에서 작업한 파일을 불러와 아이콘을 클릭하면 각 사이트로 이동할 수 있도록 각 아이콘에 하이퍼링크를 연결해 봅니다.

나와라, 힌트! 만약 아이콘을 클릭해도 각 사이트로 이동되지 않는다면 아이콘을 선택하고 그룹 해제를 클릭합니다.

Chapter 19

아기돼지 삼형제 포스터

▶ 예제 파일 : 없음 ▶ 완성 파일 : 19강-완성.jpg

오늘은 학교에서 동화 포스터 대회가 있는 날이에요! 해람이는 읽었던 동화책 중 아기돼지 삼형제를 선택했어요. "아기돼지 삼형제는 집을 짓는 내용이니까 집 그림을 넣으면 되겠네.
아 맞다! 늑대도 나왔었지? 그냥 그림만 있으면 재미없으니까 효과음 텍스트도 넣어봐야지~"
해람이는 미리캔버스로 포스터를 만들기 시작했어요.

학습목표

- 다양한 템플릿을 확인하여 제작할 포스터 내용을 기록할 수 있습니다.
- 다양한 디자인 요소를 추가하여 주제에 맞는 디자인을 할 수 있습니다.
- 텍스트에서 여러 가지 스타일을 이용하여 제목을 디자인할 수 있습니다.
- 다양한 효과음 텍스트를 입력할 수 있습니다.

01 다양한 템플릿 구경하기

미리캔버스에서 제공되는 여러 가지 템플릿을 확인해 봅니다.

① 크롬(◎) 브라우저를 실행하고 미리캔버스(https://www.miricanvas.com/) 홈페이지에 접속한 후 [로그인하기]를 클릭하여 로그인합니다.

② [디자인 만들기]-[웹 포스터(📄)]-[세로형]을 클릭합니다.

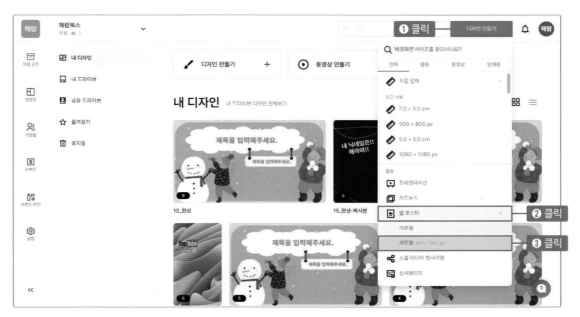

③ 미리캔버스에서 제공하는 템플릿을 확인하고 포스터를 어떻게 디자인할지 고민해 봅니다.

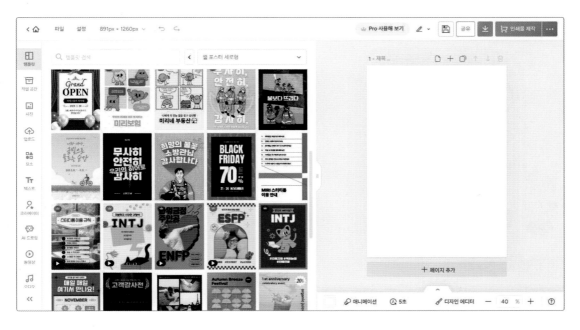

02 **포스터 디자인하기**

포스터에 쓰일 배경색을 정하고 디자인에 필요한 요소를 넣어 봅니다.

1 [배경(▨)]을 클릭하여 포스터 디자인에 어울리는 배경색을 선택합니다.

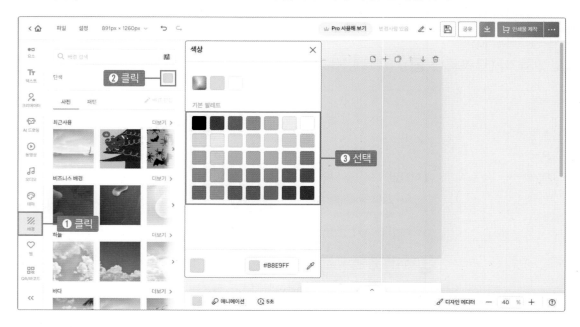

2 [요소(▦)]에서 필요한 디자인 요소를 찾아 페이지를 꾸며 봅니다.

포스터는 주제(동화의 내용)가 한눈에 보이도록 디자인하는 것이 좋습니다.

③ [텍스트(Tт)]-[스타일]-[로고/타이틀]에서 제목에 어울리는 [스타일]을 찾아 클릭하여 삽입하고 텍스트를 마우스 오른쪽 버튼으로 클릭하여 [그룹해제]를 클릭합니다.

④ 포스터의 제목이 될 문구를 입력하고, 크기와 위치를 자유롭게 설정합니다.

생자소 T I P

[로고/타이틀]을 사용할 때 불필요한 요소나 텍스트는 삭제하고 사용합니다.

⑤ [텍스트(TT)]-[스타일]-[효과음/감정표현]에서 포스터와 어울리는 문구들을 찾아 선택하고 포스터를 꾸밉니다.

⑥ [텍스트(TT)]-[기본 스타일]에서 텍스트를 추가하여 궁금증을 유발할 수 있는 메시지를 남깁니다.

생자소 **TIP**

배경 때문에 텍스트가 잘 보이지 않을 경우 [속성] 창-[외곽선]을 사용합니다.

⑦ 포스터 디자인이 끝나면 [다운로드]-[JPG]-[빠른 다운로드]를 클릭합니다.

- 프레임이란 디자인 요소에 다른 사진이나 그림을 넣어서 마치 하나의 그림처럼 합칠 수 있는 기능입니다.
- 프레임 사용 방법

❶ [요소(🔲)]-[프레임]-[스타일 프레임]-[더보기]를 클릭합니다.

❷ 원하는 프레임을 선택하여 페이지에 추가합니다.

❸ [사진(🖼)]에서 '강아지'를 검색한 후 '강아지' 사진을 프레임에 드래그해 봅니다.

❹ 강아지 사진이 프레임에 들어가는 것을 확인할 수 있습니다.

뿜뿜! 생각 키우기

19 Chapter

▶ 예제 파일 : 없음 ▶ 완성 파일 : 19강-뿜뿜 완성1.jpg, 19강-뿜뿜 완성2.jpg

미션 **1** 인어공주 이야기가 생각나는 포스터 디자인을 완성해 봅니다.

미션 **2** 미션 **1** 에서 완성한 포스터를 업로드하고 프레임 기능을 사용하여 인어공주 포스터를 보고 있는 모습을 완성해 봅니다.

Chapter 20

▶ 예제 파일 : 없음 ▶ 완성 파일 : 20강-완성.mp4

AI로 그리는 동화 이야기

'아까 그 장면이 진짜 감동적이었는데... 다시 보고 싶다~'
미리캔버스에서 감동적인 장면을 그리려던 해람이는 재밌는 걸 발견했어요.
'AI 드로잉? AI가 직접 그려준다고? 우와! 신기하다! 아까 그 장면을 입력해볼까?'
신이 난 해람이는 기억나는 장면들을 입력하고 AI로 그림을 그리기 시작했어요.

한 행성에서 언덕에 앉아 작은 꽃을 지키는 한 소년 어린왕자가 있었다.

어느 날 어린왕자의 곁에 한 소년이 나타났다. 어린왕자는 그 소년에게 양을 그려달라고 했다.

소년이 그린 양의 모습은 마음에 들지 않았다. 그러자 그는 상자 하나를 그려주고, 그 안에 양이 있다고 했다. 어린왕자는 그 상자가 마음에 들었다.

어린왕자는 태양이 지는 모습을 보는 것이 좋다고 했다.

태양이 지는 걸을 왜 보냐고 했더니 "사람은 너무 슬플 때 해 지는 걸 보고 싶거든..." 이라고 대답했다. '넌 얼마나 슬펐던거야?'

어린왕자는 오늘도 작은 행성에서 친구를 기다리고 있다.

🔍 학습목표

- 그리고 싶은 장면을 글로 작성할 수 있습니다.
- AI가 그릴 수 있도록 그리고 싶은 장면을 텍스트로 입력할 수 있습니다.
- AI가 그린 그림에 텍스트를 입력하여 스토리를 완성시킬 수 있습니다.
- 텍스트에 애니메이션 효과를 적용할 수 있습니다.

그리고 싶은 동화 장면 상상해보기

AI로 그리고 싶은 장면을 텍스트로 자세하게 묘사해 봅니다.

① AI로 그리고 싶은 동화 장면을 글로 작성해 봅니다.

장면	내용
1	예 작은 행성에서 꽃을 지키며 친구를 기다리는 어린 왕자
2	
3	
4	

생자소 T I P

장면 1에서 장면 4까지 내용이 이어지도록 그리고 싶은 장면을 구체적으로 작성해 봅니다.

② 크롬(ⓒ) 브라우저를 실행하고 미리캔버스(https://www.miricanvas.com/) 홈페이지에 접속한 후 [로그인하기]를 클릭하여 로그인합니다.

③ [디자인 만들기]-[카드뉴스(▣)]를 클릭합니다.

AI 드로잉으로 그림 그리기

[AI 드로잉] 기능을 이용하여 앞서 작성한 장면을 그림으로 그려 봅니다.

1 [AI 드로잉(🤖)]-[STEP 1 어떤 스타일로 만들어볼까요?]에서 [목록 버튼(✓)]을 클릭합니다.

2 일러스트, 로고, 캐릭터, 캐리커처, 배경, 화법, 클래식 중 마음에 드는 스타일을 선택합니다.

③ [STEP 2 무엇을 그려볼까요?]에 '어린왕자'의 한 장면인 '작은 행성에서 꽃을 지키며 친구를 기다리는 어린왕자' 텍스트를 입력합니다.

- 다른 장면을 그리고 싶다면 구체적으로 자세하게 묘사합니다.
- 앞서 작성한 애니메이션 장면 중 첫번째 장면의 내용을 입력합니다.

④ [참고할 이미지가 있다면 알려주세요!]에서 [사진검색]을 클릭하여 '어린왕자'를 검색하거나 [업로드]-[직접 업로드]를 클릭하여 상상하는 장면과 비슷한 그림을 찾아 업로드합니다. 그리고 [이미지 그리기]를 클릭합니다.

- 참고할 이미지를 업로드하면 AI가 그림을 생성할 때 입력한 텍스트의 의미를 잘 이해할 수 있습니다.
- 이미지 변형 강도는 참고할 이미지에 AI가 얼마나 창작을 할지 결정합니다.
- 변형 강도가 낮을수록 선택한 이미지와 유사하게 그림을 그립니다.

⑤ 이미지가 생성되면 마음에 드는 이미지를 선택한 후 추가된 이미지를 마우스 오른쪽 버튼으로 클릭하고 [배경으로 만들기]를 클릭합니다.

생자소 **T I P**

- 그림이 마음에 들지 않을 경우 [다시 만들기]를 클릭해도 되지만 무료 버전에서는 한 계정 당 10회로 생성 횟수가 정해져 있기 때문에 되도록 [다시 만들기]를 클릭하지 않습니다.
- 만약 이미지 생성 횟수를 모두 사용하면 아래의 그림과 같이 화면에 표시됩니다.

무료 생성 횟수를 모두 사용했어요.
무제한 AI 이미지 생성을 원하시나요?

미리캔버스 Pro 구독하기

⑥ 페이지를 추가한 후 ①~⑤와 같은 방법으로 AI로 만들고 싶은 장면 4가지를 완성해 봅니다.

03 스토리 완성하기

AI가 그린 그림에 텍스트를 입력하여 스토리를 완성해 봅니다.

1 [텍스트(**Tᴛ**)]-[부제목 텍스트 추가]를 클릭하여 각 그림에 생각했던 스토리를 입력해 봅니다.

생자소 **TIP**

글꼴과 글자 크기, 글자색 등을 자유롭게 설정해 봅니다.

2 다른 페이지에도 텍스트를 입력하여 스토리를 완성해 봅니다.

04 텍스트에 애니메이션 효과 적용하기

입력한 텍스트에 애니메이션 효과를 적용해 봅니다.

① 입력한 텍스트를 선택한 후 [애니메이션]을 클릭하여 내용과 어울리는 효과를 적용해 봅니다.

② [디자인 에디터(✏)]를 클릭하여 [동영상 에디터(▶)]로 변경하고 첫 번째 페이지를 선택한 후 [페이지 재생 시간(◷)]을 '10'으로 변경합니다. 다른 페이지의 재생시간도 '10'으로 변경합니다.

③ 페이지가 완성되면 [다운로드]-[동영상]-[MP4]를 선택한 후 [다운로드]를 클릭합니다.

뿜뿜! 생각 키우기

▶ 예제 파일 : 없음 ▶ 완성 파일 : 20강-뿜뿜 완성.pptx

미션 **1** [AI 드로잉(   )]으로 '외계에 사는 귀여운 외계인'을 검색하여 우주에 사는 귀여운 외계인을 그려봅니다.

미션 **2** [AI 드로잉(   )]으로 '하늘을 나는 미래 자동차'를 검색하여 상상하던 미래세계를 그려봅니다.

▶ 예제 파일 : 없음 ▶ 완성 파일 : 21강-완성.mp4

애니메이션 만들기

요즘 애니메이션에 빠져 있는 해람이는 오늘도 열심히 애니메이션을 시청하고 있어요.
"저 장면에서는 다른 대사가 좋을 것 같은데..."
애니메이션을 보며 여러 생각을 하던 해람이는 직접 애니메이션의 한 장면을 만들기로 결심했어요.
"좋아! 미리캔버스로 멋진 장면을 만들어 보는 거야!"

🔍 학습목표

● [요소]에서 캐릭터를 페이지에 추가하고 애니메이션 효과를 적용시킬 수 있습니다.
● 페이지를 복제하고 필요한 부분을 변경할 수 있습니다.
● 텍스트를 추가하고 다양한 애니메이션 효과를 적용시킬 수 있습니다.
● 페이지 재생 시간을 조절할 수 있습니다.

01 캐릭터 등장시키기

원하는 사진을 배경으로 넣고 요소에서 캐릭터를 가져온 후 애니메이션 효과를 적용해 봅니다.

1 크롬(◎) 브라우저를 실행하고 미리캔버스(https://www.miricanvas.com/) 홈페이지에 접속한 후 [로그인하기]를 클릭하여 로그인합니다.

2 [디자인 만들기]-[카드뉴스(▢)]를 클릭합니다.

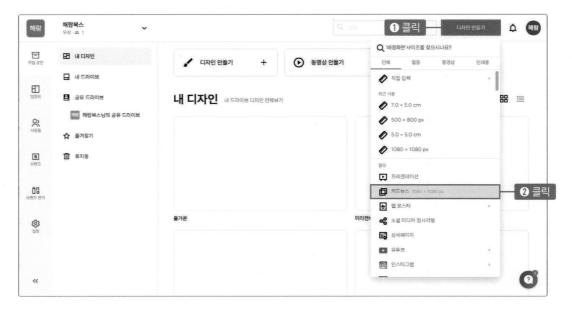

3 [사진(▣)]에서 '학교'를 검색하고 마음에 드는 이미지를 선택하여 페이지에 추가합니다. 그리고 추가된 이미지를 마우스 오른쪽 버튼을 클릭한 후 [배경으로 만들기]를 클릭합니다.

④ [요소(▫▫)]에서 'Webnovel'을 검색하여 페이지에 추가하고 위치와 크기를 조절합니다.

⑤ 캐릭터가 등장하는 모습을 표현하기 위해 캐릭터를 클릭한 후 [애니메이션]-[올라오기(⭐)]를 클릭합니다.

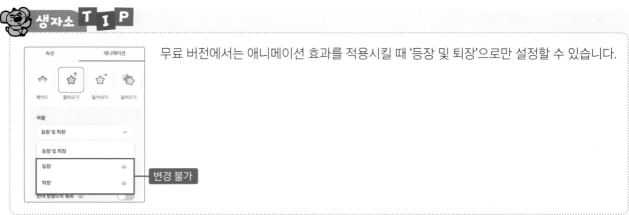

무료 버전에서는 애니메이션 효과를 적용시킬 때 '등장 및 퇴장'으로만 설정할 수 있습니다.

02 애니메이션 장면 완성하기

이전에 적용했던 텍스트와 애니메이션 효과들을 그대로 복제하고 수정이 필요한 부분을 변경해 봅니다.

① 캐릭터가 대화하는 모습을 만들기 위해 [페이지 복제(🗖)]를 클릭합니다. 이어서 캐릭터를 선택한 후 [애니메이션]-[애니메이션 제거]를 클릭합니다.

② [요소(🎛)]에서 '말풍선'을 검색하여 마음에 드는 말풍선을 선택한 후 페이지에 추가하고 위치와 크기를 조절합니다.

③ 캐릭터에 대사를 입력하기 위해 [텍스트(Tr)]-[부제목 텍스트 추가]를 클릭하고 '안녕, 오랜만이야.'를 입력합니다.

생자소 TIP

글자 크기와 글꼴, 글자색은 자유롭게 설정합니다.

④ 대사를 선택하고 [애니메이션]-[페이드(⬥)]를 클릭한 후 [페이지 복제(⬜)]를 클릭합니다.

생자소 TIP

다른 애니메이션 효과를 사용해도 됩니다.

⑤ 복제된 페이지의 대사를 '그 동안 어떻게 지냈어?'로 변경합니다.

⑥ 다른 캐릭터로 대답하기 위해 [페이지 복제(□)]를 클릭하고 배경을 제외한 캐릭터, 말풍선, 대사를 삭제합니다. 그리고 [요소(□□)]에서 다른 캐릭터를 검색하여 페이지에 추가하고 애니메이션 효과를 적용합니다.

⑦ 대사를 입력하기 위해 [페이지 복제(▢)]를 클릭하고 [요소(🔡)]에서 '말풍선'을 검색한 뒤 추가합니다. 이어서 [텍스트(Tт)]-[부제목 텍스트 추가]를 클릭하고 대사를 자유롭게 입력합니다.

⑧ [페이지 복제(▢)]를 클릭하고 대사와 말풍선을 지운 뒤 [텍스트(Tт)]-[스타일]-[효과음/감정표현]에서 텍스트를 추가한 다음 [애니메이션] 효과를 적용합니다.

⑨ ①~⑧과 같이 페이지를 추가하고 다양한 애니메이션 효과를 적용한 후 [페이지 재생 시간(🕐)]을 클릭하여 각 장면의 재생 시간을 조절해 봅니다.

⑩ 애니메이션이 완성되면 [다운로드]-[동영상]-[MP4]-[다운로드]를 클릭합니다.

뿜뿜! 생각 키우기

▶ 예제 파일 : 없음 ▶ 완성 파일 : 21강-뿜뿜 완성1.gif, 21강-뿜뿜 완성2.mp4

미션 **1** 캐릭터를 추가하고 [요소(🔡)]에서 '효과선'을 추가하여 등장인물에게 집중될 수 있도록 애니메이션 효과를 넣어봅니다.

미션 **2** 등장인물에게 더욱 집중될 수 있도록 효과음을 추가하여 봅니다.

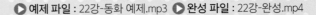
▶ 예제 파일 : 22강-동화 예제.mp3   ▶ 완성 파일 : 22강-완성.mp4

내 목소리로 만드는 동화

해람이는 미리캔버스로 만든 동화를 친구에게 보여주고 있었어요.
"어때? 내가 만든 토끼와 거북이야! 멋지지?" 그러자 친구가 소리도 나오면 근사할 것 같다며
한 프로그램을 추천해줬어요. "audacity 프로그램을 사용해봐 그러면 대사도 녹음할 수 있어!"
그 말은 들은 해람이는 학교가 끝나고 집으로 가서 녹음하기 시작했어요.

학습목표

- audacity 프로그램을 다운로드 받을 수 있습니다.
- 만들고 싶은 동화의 한 장면을 그리고 설명할 수 있습니다.
- audacity 프로그램을 사용하여 동화의 한 장면을 녹음할 수 있습니다.
- 녹음된 파일을 사용하여 동화의 한 장면을 만들 수 있습니다.

01 동화의 한 장면을 그리고 설명하기

동화의 한 장면을 상상하여 그리고 어떤 장면인지 글로 설명해 봅니다.

1 녹음하고 싶은 동화의 한 장면을 그립니다.

동화의 한 장면을 그려봐요!

생자소 TIP

교재에서는 토끼와 거북이 이야기를 사용하였습니다.

2 그린 장면이 어떤 내용인지 작성합니다.

어떤 장면인지 설명해봐요!

02 audacity 다운로드 받기

audacity 홈페이지에 접속하고 파일을 다운로드받아 봅니다.

① 크롬(◉) 브라우저를 실행하고 검색창에 'audacity'를 검색하거나 주소창에 'https://www.audacityteam. org/'를 입력하여 홈페이지에 접속합니다.

② 홈페이지 상단에 있는 [Downloads]를 클릭합니다.

홈페이지가 영어로 되어 보기 어렵다면 주소창 오른쪽의 [이 페이지 번역하기(⬚)]를 클릭하고 '한국어'를 클릭합니다.

❸ [Windows]를 클릭한 후 자신의 컴퓨터 사양에 맞는 버전을 선택하여 다운로드하고 프로그램을 설치합니다.

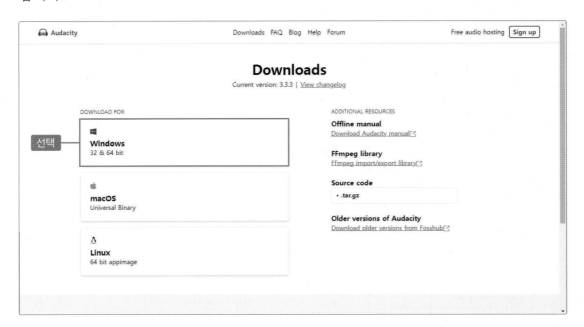

❹ audacity(🎧) 아이콘을 더블 클릭하여 프로그램을 실행합니다.

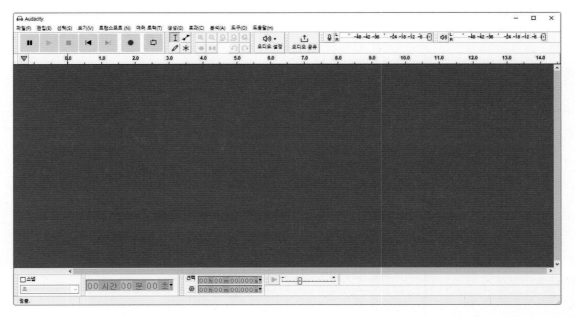

교재에 사용된 audacity는 3.3.3 버전입니다.

03 동화의 한 장면 녹음하기

앞서 작성한 동화의 한 장면을 설명하는 내용을 녹음해 봅니다.

① 마이크를 준비한 후 [녹음(●)] 버튼을 클릭하고 앞서 작성한 내용을 녹음합니다. 그리고 녹음이 끝나면 [정지(■)] 버튼을 클릭하여 녹음을 종료합니다.

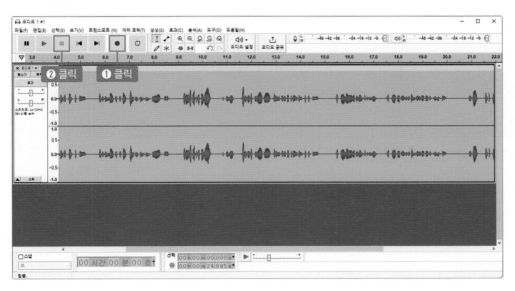

생자소 TIP

- 녹음을 할 땐 실수하더라도 정지하지 않고 계속 녹음합니다.
- 녹음을 할 수 없는 환경이라면 '22강-동화 예제.mp3'을 사용해도 됩니다.

② [재생(▶)] 버튼을 클릭하여 녹음된 음성을 확인합니다. 만약, 음성 중 불필요한 부분을 발견하면 [일시정지(‖)] 버튼을 클릭하고 제거할 영역을 마우스로 드래그합니다.

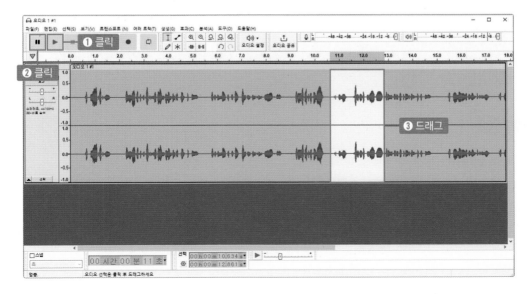

③ 키보드에서 Delete 키를 눌러 선택한 영역의 음성을 제거합니다.

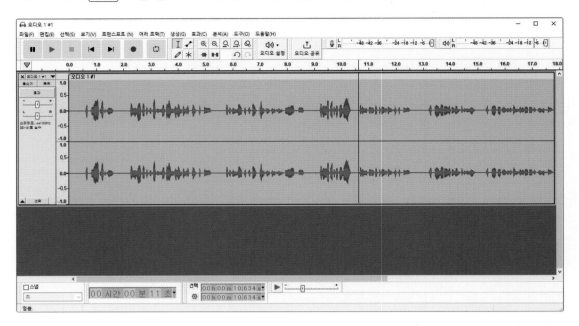

④ 잡음을 제거하기 위해 음성이 녹음되지 않은 영역을 드래그하고 [효과]-[노이즈 제거 및 복구]-[노이즈 리덕션(잡음 감쇄)]을 클릭합니다.

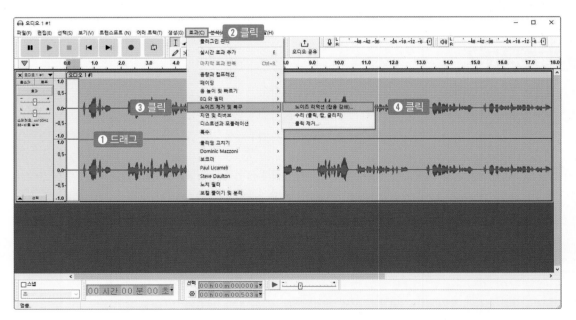

생자소 T I P

• 음성이 아닌 바람 소리, 떠드는 소리 등을 '잡음'이라고 합니다.
• 노이즈 리덕션(잡음 감쇄)이란 녹음된 음성 중 '잡음'이 무엇인지 프로그램이 파악할 수 있도록 설정하는 과정입니다.

⑤ [노이즈 리덕션(잡음 감쇄)] 대화상자가 나타나면 [노이즈 프로파일 구하기]를 클릭합니다.

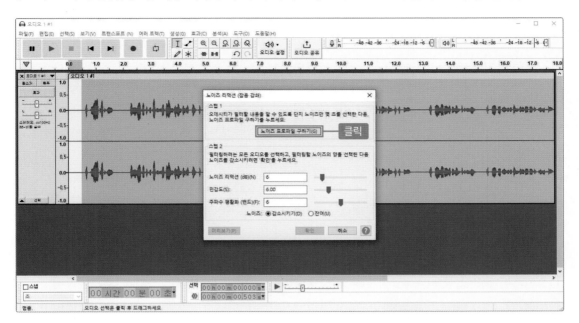

생자소 **T I P**

[노이즈 프로파일 구하기]를 클릭하면 ④에서 설정한 '잡음'을 파일로 저장합니다.

⑥ 이어서 키보드에서 Ctrl + A 키를 눌러 음성 전체를 선택하고, 다시 [효과]-[노이즈 제거 및 복구]-[노이즈 리덕션(잡음 감쇄)]를 클릭한 후 [확인]을 클릭합니다.

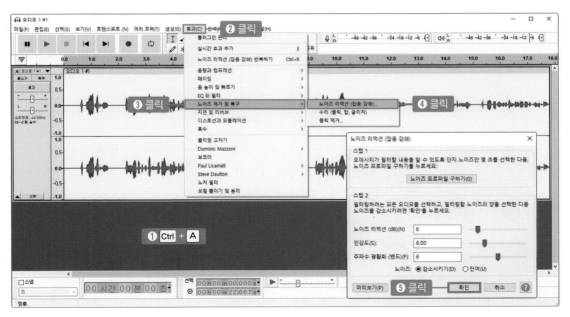

생자소 **T I P**

Ctrl + A 키를 눌러 설정한 전체 영역 중 [노이즈 프로파일 구하기]로 설정한 '잡음'과 일치하는 부분을 제거하는 과정입니다.

⑦ 전체 영역을 선택하고 [재생(▶)] 버튼을 클릭하여 잡음이 제거된 음성을 확인한 후 Ctrl + A 키를 눌러 오디오 전체를 클릭합니다. 그리고 [파일]-[내보내기]-[선택한 오디오 내보내기]를 클릭하여 [선택한 오디오 내보내기] 대화상자가 나타나면 파일 이름을 입력한 후 파일 형식을 'MP3 파일'로 선택하고 [저장]을 클릭합니다.

파일 이름은 자유롭게 작성해도 됩니다.

⑧ 이어서 [메타데이터 태그 편집] 대화상자가 나타나면 [확인]을 클릭합니다.

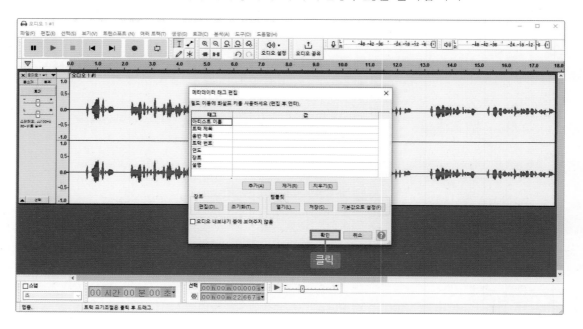

04 동화 장면 만들기

동화의 한 장면을 완성하고 녹음된 파일을 적용해 봅니다.

① 크롬(◎) 브라우저를 실행하고 미리캔버스(https://www.miricanvas.com/) 홈페이지에 접속한 후 [로그인하기]를 클릭하여 로그인합니다.

② [디자인 만들기]-[프레젠테이션(▶)]을 클릭합니다.

③ [업로드(⬆)]–[업로드]를 클릭하여 [열기] 대화상자가 나타나면 앞서 저장한 음성 파일을 선택하고 [열기]를 클릭합니다.

④ [요소(▦)]에서 필요한 디자인 요소들을 검색하여 동화의 한 장면을 완성합니다.

🐨 생자소 **TIP**

애니메이션 효과를 이용하여 동화를 꾸며 봅니다.

⑤ [텍스트(Tr)]-[제목 텍스트 추가]를 클릭하고 동화의 제목을 입력합니다. 이어서 [본문 텍스트 추가]를 클릭하고 앞서 녹음한 음성의 앞 내용을 입력합니다.

🐨 생자소 **TIP**

• 글꼴, 글자색, 글자 크기 등 자유롭게 입력합니다.
• 여러 페이지에 걸쳐 동화를 완성할 예정이므로 녹음한 음성의 일부분만 입력합니다.

⑥ 이어서 [페이지 복제(⬚)]를 클릭하고 디자인 요소와 텍스트를 이용하여 다음 장면을 완성합니다.

⑦ **④**~**⑥**을 반복하여 동화의 스토리를 완성해 봅니다.

⑧ [디자인 에디터(✎)]를 클릭하여 [동영상 에디터(▶)]로 변경하고 앞서 업로드한 녹음 파일을 선택하여 추가한 다음 [페이지 재생 시간(⌚)]을 조절합니다. 그리고 [오디오(♫)]에서 동화에 어울리는 배경음을 찾아 선택한 다음 [속성] 창에서 볼륨을 조절합니다.

🐨 생자소 **T I P**

- 배경음은 작게 설정하고 음성은 크게 설정합니다.
- 녹음한 내용에 맞게 페이지가 변경되도록 페이지 재생 시간을 조절합니다.

⑨ 동화가 완성되면 [다운로드]-[동영상]-[MP4]를 선택한 후 [다운로드]를 클릭합니다.

뿜뿜! 생각 키우기

▶ 예제 파일 : 두둥.mp3, 터벅터벅.mp3 ▶ 완성 파일 : 22강-뿜뿜 완성1.mp4, 22강-뿜뿜 완성2.mp4

미션 **1** [텍스트(**Tr**)]-[스타일]-[효과음/감정표현]에 있는 텍스트를 audacity 프로그램으로 녹음해 봅니다.

나와라, 힌트! ● 녹음을 할 수 없는 환경일 경우 제공되는 예제 파일을 사용해도 됩니다.

미션 **2** 각 텍스트에 녹음된 파일을 적용해 봅니다.

Chapter 23

▶ 예제 파일 : 23강-음성 예제 파일.zip   ▶ 완성 파일 : 23강-완성.mp4

맛집 탐방 4컷 만화 그리기

애니메이션의 한 장면을 만든 해람이는 이번엔 4컷 만화를 그려보기로 결심했어요.
'음... 저번에는 학교에서 만나는 장면이었으니까 이번에는 맛집 탐방하는 걸 그려야겠다!
첫 번째 장면은 검색하는 걸 넣고 ... 아 그래! 이번에는 직접 대사도 읽을 수 있게 만들어야지~'
많은 것을 배운 해람이는 미리캔버스의 다양한 기능으로 4컷 만화를 그리기 시작했어요.

🔍 학습목표

● 4컷 만화의 스토리를 직접 만들고 그릴 수 있습니다.
● 4컷 만화의 제목을 디자인할 수 있습니다.
● 디자인 요소와 텍스트를 이용하여 4컷 만화를 완성할 수 있습니다.
● 녹음된 대사 파일을 업로드하고 4컷 만화에 적용시킬 수 있습니다.

01 4컷 만화 스토리 완성하기

4컷 만화를 만들기 위한 스토리를 작성해 봅니다.

① 그리고 싶은 만화의 제목과 스토리를 작성합니다.

제목	
스토리 작성	

생자소 TIP

교재에서는 맛집을 찾아가는 스토리를 그렸습니다.

② **①**에서 완성한 스토리를 4컷으로 나눈 후 각 장면을 스케치해 봅니다.

첫 번째 장면	두 번째 장면

세 번째 장면	네 번째 장면

02 4컷 만화 제목 디자인하기

미리캔버스에서 제공하는 다양한 스타일의 텍스트와 오디오를 이용하여 4컷 만화의 제목을 디자인해 봅니다.

1 크롬(⬤) 브라우저를 실행하고 미리캔버스(https://www.miricanvas.com/) 홈페이지에 접속한 후 [로그 인하기]를 클릭하여 로그인합니다.

2 [디자인 만들기]-[카드뉴스(🔳)]을 클릭합니다.

3 [텍스트(Tᴛ)]-[로고/타이틀]-[더보기]를 클릭하고 마음에 드는 스타일을 선택하여 4컷 만화 제목을 완성합니다.

④ 제목이 완성되면 텍스트를 전체 선택한 후 애니메이션 효과를 적용해 봅니다.

⑤ [디자인 에디터(✏)]를 클릭하여 [동영상 에디터(◉)]로 변경하고 [오디오(♫)]에서 마음에 드는 배경음을 추가한 다음 [속성]과 [페이지 재생 시간(⏱)]을 자유롭게 설정합니다.

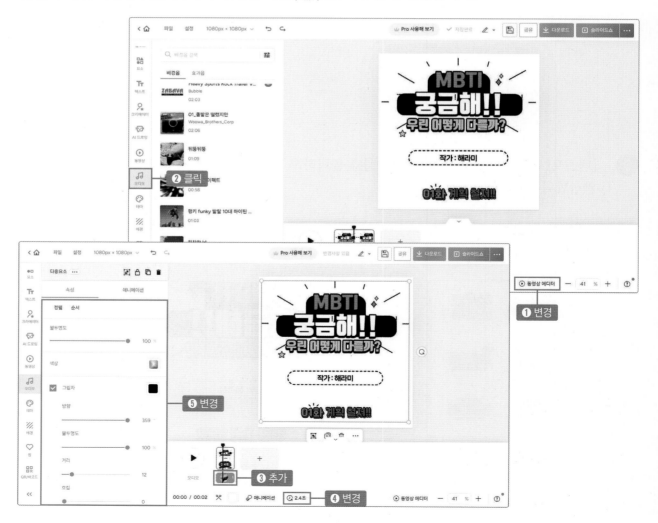

03 4컷 만화 완성하기

요소와 오디오를 사용하여 4컷 만화를 완성해 봅니다.

① [페이지 추가(+)]를 클릭하고 앞서 작성한 스토리와 스케치를 바탕으로 4컷 만화를 완성합니다.

생자소 **T I P**

[페이지 추가(+)] 버튼이 안 보일 경우 [동영상 에디터(⊙)] 창을 닫으면 [페이지 추가(+)] 버튼이 보입니다.

② 각 페이지마다 [애니메이션] 효과와 [페이지 재생 시간(⏱)]을 스토리에 맞게 설정한 후 앞서 추가한 배경음의 재생 시간을 다시 설정합니다.

04 **녹음된 파일을 각 장면마다 적용시키기**

4컷 만화에 사용될 대사를 녹음하고 업로드하여 각 페이지에 적용시켜 봅니다.

1 [Audacity(🎧)]를 실행하고 [녹음(●)] 버튼을 클릭하여 필요한 대사를 녹음합니다. 그리고 [업로드 (☁)]-[업로드]를 클릭하여 녹음된 대사들을 모두 선택한 후 열기를 클릭하여 업로드합니다.

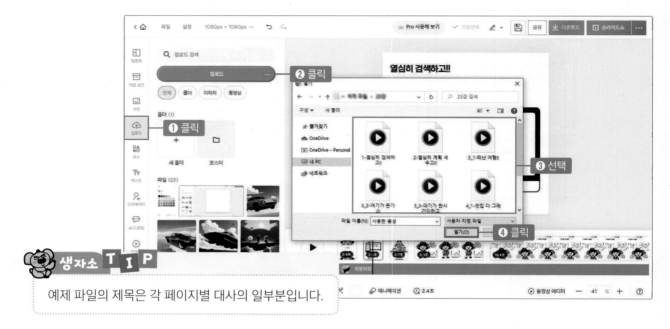

생자소 TIP

예제 파일의 제목은 각 페이지별 대사의 일부분입니다.

2 녹음된 파일들을 선택하여 페이지에 추가한 후 각 장면에 맞게 재생 시간과 위치를 조절합니다.

3 4컷 만화가 완성되면 [다운로드]-[동영상]-[MP4]를 선택한 후 [다운로드]를 클릭하여 완성된 만화를 확인해 봅니다.

뿜뿜! 생각 키우기

▶ 예제 파일 : 없음 ▶ 완성 파일 : 23강-뿜뿜 완성.mp4

미션 ① 애니메이션 기능을 활용하여 10초 타이머를 완성해 봅니다.

나와라, 힌트!
• 10개의 페이지를 만들고 한 페이지당 1개의 이미지를 사용합니다.
• 각 페이지의 재생 시간은 '1'초로 설정합니다.

미션 ② 페이지를 추가하고 배경음과 효과음을 적용하여 긴장감을 추가해 봅니다.

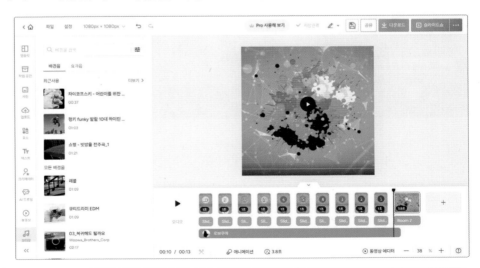

나와라, 힌트! 새로운 배경음과 효과음을 사용하고 페이지 재생 시간도 변경해 봅니다.

▶ 예제 파일 : 24강-예제.pptx ▶ 완성 파일 : 24강-완성.ppsx

움직이는 불조심 포스터

불조심 캠페인 포스터를 만들기로 한 해람이는 어떻게 하면 좋을지 고민하고 있었어요.
'어떻게 하면 좋을까? 난 그림을 잘 못그리는데…' 한참을 고민하던 해람이는 미리캔버스를 떠올렸어요.
'그래 일단 미리캔버스로 그리고 PPT로 저장하자!
그리고 애니메이션 효과까지 추가하면 멋진 불조심 포스터를 만들 수 있을 거야!'

학습목표

● 파워포인트의 애니메이션 기능을 사용할 수 있습니다.
● 한 개체에 여러 개의 애니메이션 효과를 적용할 수 있습니다.
● 애니메이션이 어떤 순서로 작동할지 설정할 수 있습니다.
● PowerPoint 쇼 파일로 저장할 수 있습니다.

01 애니메이션 효과 적용하기

개체에 애니메이션 효과를 적용해 봅니다.

① 파워포인트 프로그램을 실행한 후 '24강-예제.pptx' 파일을 불러옵니다.

생자소 TIP

만약 다른 그림을 사용하고 싶다면 미리캔버스에서 템플릿을 완성한 후 파일 형식을 PPT로 설정하고 PPT의 옵션을 '개별 요소 이미지화 (권장)'로 설정하여 저장합니다.

② 불씨가 점점 커지는 모습을 표현하기 위해 불씨 하나를 선택한 후 [애니메이션] 탭-[확대/축소(☀)]를 선택합니다.

생자소 TIP

[확대/축소] 애니메이션 기능을 사용하면 개체의 크기를 확대하거나 축소할 수 있습니다.

02 한 개체에 여러 가지 애니메이션 효과 적용하기

한 개체에 2개 이상의 애니메이션 효과를 적용해 봅니다.

① 애니메이션이 잘 적용됐는지 확인하기 위해 [애니메이션] 탭-[애니메이션 창( )]을 클릭하고 선택한 애니메이션이 적용되었는지 확인합니다.

② 이어서 커진 불씨가 불타는 느낌을 표현하기 위해 애니메이션이 적용된 개체가 선택된 상태에서 [애니메이션] 탭-[애니메이션 추가( )]를 클릭하고 [흔들기( )]를 선택합니다.

생각소 TIP
- '흔들기' 애니메이션을 사용하면 개체가 좌우로 흔들립니다.
- [애니메이션 추가] 기능을 사용하면 한 개체에 여러 개의 애니메이션을 적용할 수 있습니다.

③ 불이 커지는 모습과 흔들리는 모습이 순서대로 실행되도록 [애니메이션 창]에서 첫 번째 애니메이션을 클릭한 후 '이전 효과와 함께 시작'을 선택합니다.

- [타이밍]-[시작]에서 '이전 효과와 함께'를 선택해도 됩니다.
- **클릭할 때 시작** : 마우스를 클릭하면 애니메이션이 실행됩니다.
- **이전 효과와 함께 시작** : 이전에 실행되는 애니메이션과 함께 실행합니다.
- **이전 효과 다음에 시작** : 이전 애니메이션이 실행된 후 실행됩니다.

④ [애니메이션 창]에서 두 번째 애니메이션을 클릭하고 '이전 효과 다음에 시작'을 선택합니다.

⑤ '흔들기' 애니메이션은 프레젠테이션이 끝날 때까지 재생되도록 [애니메이션 창]에서 두 번째 애니메이션을 클릭하고 [타이밍]을 선택합니다. 이어서 [흔들기] 대화상자가 나타나면 [반복]을 '슬라이드가 끝날 때까지'로 선택하고 [확인]을 클릭합니다.

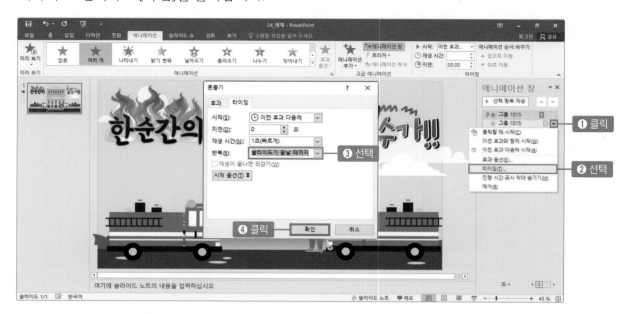

⑥ 앞서 배운 내용을 참고하여 다른 '불씨'에도 동일한 애니메이션을 적용합니다.

'이전 효과 다음에 시작' 애니메이션을 실행하면 불씨가 차례대로 하나씩 나타납니다.

⑦ 불씨가 나타난 후 소방차가 좌우로 움직이도록 '소방차'를 선택한 후 [애니메이션] 탭-[애니메이션]-
[이동 경로]- [선(↕)]을 클릭합니다.

⑧ '소방차'에 연결선이 나타나면 빨간색 점을 드래그하여 소방차가 왼쪽에서 오른쪽으로 움직일 수 있도록
이동 경로를 설정합니다.

🐨 **샘자소 TIP**

'선' 애니메이션은 개체가 이동할 위치를 수정할 수 있습니다.

● 초록색 점은 개체의 이동이 시작되는 위치입니다.
● 빨간색 점은 개체의 이동이 종료되는 위치입니다.

03 애니메이션 반복 설정하기

적용된 애니메이션이 슬라이드가 끝날 때까지 반복되도록 설정해 봅니다.

① 다시 '소방차'를 선택하고 [애니메이션 창]에서 '선' 애니메이션을 클릭하고 '이전 효과 다음에 시작'을 선택한 다음 '타이밍'을 선택합니다. 이어서 [아래로] 대화상자가 나타나면 [반복]을 '슬라이드가 끝날 때까지'로 선택하고 [확인]을 클릭합니다.

② 동시에 '소방차'가 움직일 수 있도록 다른 '소방차'를 선택하고 [애니메이션 창]에서 '선' 애니메이션을 추가하고 '이전 효과와 함께 시작'을 선택한 다음 '타이밍'을 선택합니다. 이어서 [아래로] 대화상자가 나타나면 [반복]을 '슬라이드가 끝날 때까지'로 선택하고 [확인]을 클릭합니다.

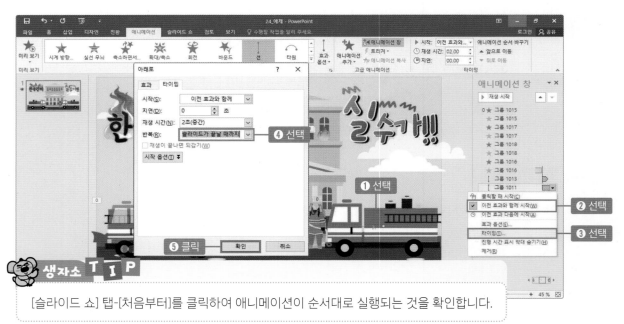

생각소 **TIP**

[슬라이드 쇼] 탭-[처음부터]를 클릭하여 애니메이션이 순서대로 실행되는 것을 확인합니다.

③ '한순간의 실수가' 제목이 강조되도록 '한순간의' 글자를 선택하고 [애니메이션] 탭-[펄스(⭐)]를 클릭합니다. 그리고 [애니메이션 창]에서 '펄스' 애니메이션을 클릭하고 '이전 효과 다음에 시작'을 선택합니다.

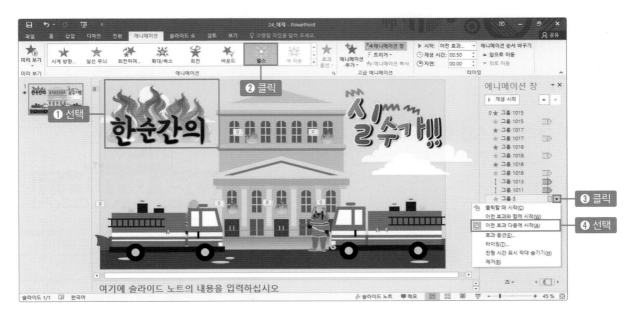

④ ③과 같은 방법으로 '실수가' 글자에도 애니메이션 효과를 적용해 봅니다.

⑤ [슬라이드 쇼] 탭-[처음부터(🖥)]를 클릭하여 적용된 애니메이션을 확인해 봅니다. 만약 애니메이션 실행 시 개체가 다른 개체에 가려진다면 개체를 마우스 오른쪽 버튼을 클릭하여 [맨 앞으로 가져오기]를 클릭합니다.

⑥ 애니메이션 적용이 끝나면 [파일] 탭-[다른 이름으로 저장]-[찾아보기]를 클릭하여 [다른 이름으로 저장] 대화상자가 나타나면 파일 이름을 입력한 뒤 파일 형식을 'PowerPoint 쇼'로 선택하고 [저장]을 클릭합니다.

뿜뿜! 생각 키우기

▶ 예제 파일 : 없음 ▶ 완성 파일 : 24강-뿜뿜 완성.pptx

미션 ① 미리캔버스를 이용하여 지진 대피 요령 포스터를 만들고 [PPT]로 저장해 봅니다.

나와라, 힌트! ● PPT로 저장할 때 PPT 옵션을 '개별 요소 이미지화 (권장)'로 설정합니다.

미션 ② 파워포인트를 실행하여 애니메이션을 자유롭게 설정해 봅니다.

memo

memo